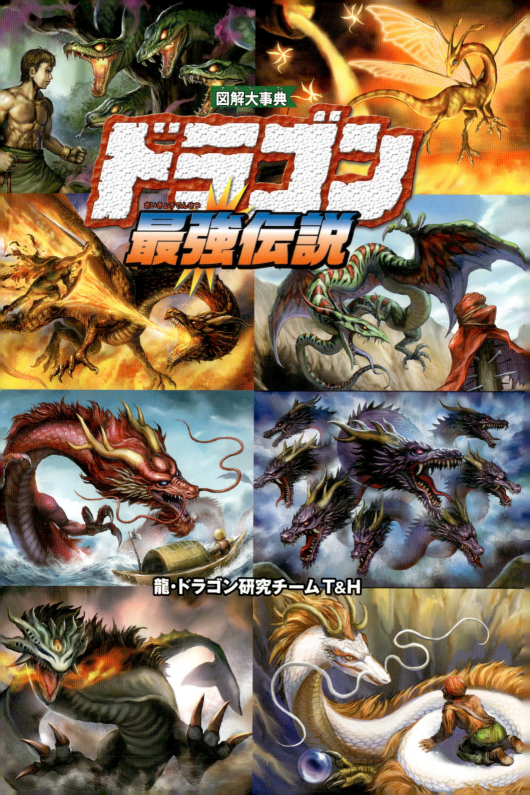

はじめに

　ドラゴンと聞くとわくわくしてしまう。ドラゴンはいつの時代にも存在していて、その存在感は絶大で現在はアニメやゲームにも当然のように登場する。

　ドラゴンの人気がこんなに長く続いているのは、あらゆる幻獣の中でこれほどさまざまな姿で描かれるものはいないからかもしれない。雄々しくどっしりとして口から炎を吐き、大きな翼で大空を飛び回る西洋のドラゴン、神々しく繊細で、雨を司る神聖な霊獣、東洋のドラゴン「龍」。

　本書でも、その姿から「ドラゴン/ドラゴン飛竜タイプ」「ドラゴン蛇タイプ」「ドラゴン混合タイプ」「東洋のドラゴン・龍」と大別しているが、その分け方は本によってさまざまである。そしてその姿と同時に世界中のあらゆるところに伝わるドラゴン伝説がある。その物語は伝承地域により特徴があり、どの物語も私たちをわくわくさせてくれ、素晴らしいドラゴンワールドに引き込んでくれる。

　さて、図解大事典シリーズに図解大事典「ドラゴン」<ドラゴン・龍・竜人108大集合！>という1冊がある。108のドラゴンの「タイプ」「容姿」「特徴」「伝承地域」「エピソード」などを盛り込んだ1冊である。けれども図解大事典「ドラゴン」に入りきれなかった面白いエピソード（物語）がまだまだある。本書ではそれらのエピソードを掲載し、さらに本書に初登場するドラゴンのエピソードも加えたものである。また、図解大事典「ドラゴン」に載っているエピソードの中で、もう一度紹介したいエピソードをリニューアルして超リアルイラスト版で構成した最強ドラゴン伝説だ。また、いろいろな伝承・データからの「ドラゴン解剖図鑑」も試みた。

　本書により、いろいろなドラゴンの物語の世界に入り込み楽しんでいただけると嬉しい限りである。

ドラゴン最強伝説 もくじ

はじめに……2
ドラゴンのエピソードと分類……8

第1章 ドラゴン最強伝説❶ ドラゴン／ドラゴン飛竜タイプ…13

- バクナワ……………………………14
  - 6つの月を丸のみにしたドラゴン……14
- ファーブニル………………………16
  - 財宝のためにドラゴンになった人間……17
  - シグルズのドラゴン退治………………18
- スピンドルストンの竜……………20
  - 魔法でドラゴンにされた王女………21
  - ドラゴンが人間に戻る…………………22
- クエレブレ…………………………24
  - 財宝を魔法で守るドラゴン……………25
  - 妖精を手元に置くクエレブレ…………26
- アジ・ダハーカ……………………28
  - アジ・ダハーカの光輪争奪戦…………29
- 不死身のジークフリートのドラゴン……30
  - こうしてジークフリートは不死身になった……………………31
  - 王女をさらった炎を吐くドラゴン……33
- ゴルィニシチェ……………………34
  - 勇士ドブルイニャの命を狙うドラゴン…35
  - 勇士ドブルイニャのドラゴン退治……36

- ピラトゥス山のドラゴン…………38
  - 毒を吐くピラトゥス山のドラゴン……39
  - ピラトゥス山で発見されたドラゴン……41
- フェルニゲシュ……………………42
  - 勇士ヤーノシュと黒竜フェルニゲシュ………………43
  - 5本足の馬に乗る黒竜フェルニゲシュ………………45
- カシャフ川のドラゴン……………46
  - カシャフ川に現れたドラゴン…………47
  - ドラゴンと一撃のサーム………………48
- ピュラリス…………………………50
  - 炎の中のミニのドラゴン………………50
- ゾンダーダッハ山のドラゴン……52
  - 善良な人間に好意的なドラゴン………53
- ベイン・ヴェヘールのドラゴン……54
  - 竜の山に棲むドラゴンたち……………54

トリスタンのドラゴン……………56
●トリスタンのドラゴン退治……………57
フランケンシュタインの
　泉のドラゴン……………………58
●泉を支配するドラゴン………………59
アジ・スルワラ……………………60
●背中で火を起こされたドラゴン………60
グウネズのドラゴン………………62
●母乳とパンで変身したドラゴン………63
聖ゲオルギウスのドラゴン……………64
●毒を吐き生け贄を求めるドラゴン……65

聖ゲオルギウスのドラゴン退治………66
ベーオウルフのドラゴン……………68
●ドラゴンを怒らせた一人の人間………69
●老王ベーオウルフと炎の
　ドラゴンの対決……………………70
リンドヴルム………………………72
●あちこちに存在するリンドヴルム……73
ロングウィットンの竜………………74
●不死身のドラゴンを退治した騎士……75
■名前のないドラゴン…………………76

第2章　ドラゴン最強伝説❷
ドラゴン蛇タイプ……77

レヴィアタン（リヴァイアサン）…78
●神が創造した巨大ドラゴン……………79
●さまざまな神話や伝承に登場する
　レヴィアタン………………………80
イルルヤンカシュ（ルヤンカス）…82
●竜神イルルヤンカシュと
　嵐神プルリヤシュの伝承……………83
●もうひとつのイルルヤンカシュと
　嵐神プルリヤシュの伝承……………84
ヴィーヴル…………………………86
●ヴィーヴルの宝石を奪う方法…………87
●精霊ヴィーヴル………………………88

ラードーン（ラドン）……………90
●黄金のリンゴを守るドラゴン…………91
アポピス（アペプ）………………92
●太陽神ラーとアポピスの戦い…………93
●永遠に繰り返される
　アポピスとラーの戦い………………94
アンフィスバエナ
　（アムピスバイナ）………………96
●メデューサの血から生まれた
　アンフィスバエナ……………………97
ヨルムンガンド
　（ミドガルズオルム）……………98
●ヨルムンガンドVS雷神トール………99
●ヨルムンガンドとの最後の決戦……101

ラプシヌプルクル………………102	カドモスのドラゴン
●悪臭で殺すドラゴン…………103	（アーレスの大蛇）………122
ウンセギラ………………………104	●ドラゴンを倒した勇者カドモス…123
●水晶の心臓を持つドラゴン……105	●ドラゴンの牙から生まれた戦士…124
肥遺………………………………106	ヒュドラー（ヒュドラ）………126
●2つの体を持つドラゴン………107	●英雄ヘラクレストとヒュドラー…127
アスプ（アスピス）……………108	●英雄ヘラクレストとヒュドラーの
●復讐心の強いエジプトのアスプ…109	壮絶な戦い……………………129
ビグチェン………………………110	ピュートーン（ピュトン）……130
●剛毛のドラゴン………………110	●大地から生まれたドラゴン……131
ヤマタノオロチ（八岐大蛇）…112	●太陽神アポロンに退治された
●ヤマタノオロチの生け贄になる娘…113	ドラゴン………………………133
●ヤマタノオロチを退治した神…114	レインボー・サーペント
ヴリトラ…………………………116	（虹蛇）…………………………134
●雷神インドラに憎悪を	●レインボー・サーペントと
持つヴリトラ…………………116	月男（バールー）……………134
●雷神インドラの策略…………118	●世界中に存在する虹のドラゴン…136
●ヴリトラが雷神インドラに	■変わった攻撃能力……………138
出した条件……………………121	

第3章 ドラゴン解剖図鑑……139

西洋のドラゴン…………………140	ドラゴン（多頭タイプ）………148
ドラゴン（飛竜タイプ）………142	東洋のドラゴン・龍……………150
ドラゴン（蛇タイプ）…………144	龍の持つ宝珠と指の数…………152
ドラゴン（混合タイプ）………146	●龍の持つ宝珠…………………152
	●龍と指の数……………………153

最大のドラゴンは!? …………154	ドラゴンの色 …………164
最長のドラゴンは!? …………156	●西洋のドラゴン …………164
スピード王は!? …………158	●西洋のドラゴン（蛇タイプ）…165
ドラゴンと財宝 …………160	●西洋のドラゴン（混合タイプ）…165
ドラゴンの弱点 …………162	●東洋のドラゴン・龍 …………166

第4章

ドラゴン最強伝説❸
ドラゴン混合タイプ……167

タラスクス（タラスク） …………168	**キリム** …………182
●レヴィアタンの子、タラスクス …169	●キリムを退治したニャンガ族の
●タラスクスを捕らえた聖マルタ……170	英雄ムウィンド …………183
ペルセウスのドラゴン …………172	●ムウィンドのその後と、
●ペルセウスとメデューサ…………172	もうひとつのドラゴン …………184
●海神ポセイドンが送り込んだ	**ピアサ** …………186
ドラゴン …………174	●壁画から発見された
●アンドロメダを救い	ドラゴンの姿 …………186
ドラゴンを退治したペルセウス …176	**テュポーン** …………188
ワーム …………178	●主神ゼウスと
●ラムトン（ランプトン）の	テュポーンの戦い …………188
ドラゴン …………179	●主神ゼウスの復活 …………190
●ワームを退治した若者の運命 ……180	**ラニオンのドラゴン** …………192
	●赤いひとつ目のドラゴン…………193

クロック・ナ・クロイブの
　　ドラゴン……………………194
- らせん状の丘を造ったドラゴン……194

スキタリス……………………196
- 美しさに見惚れるドラゴン………196

鬼弾………………………………198
- 水中から攻撃するドラゴン………199

聖シェナーンのドラゴン………200
- 聖シェナーンの言葉に従う
　ドラゴン……………………………201

ペルーダ……………………………202
- ノアの方舟の大洪水を
　生き抜いたドラゴン………………202
- ペルーダを退治した青年…………204

バジリスク（バシリスク）………206
- 毒蛇を誕生させたメデューサ……207
- アレキサンダー大王に退治された
　バジリスク…………………………209
- ■国旗になったドラゴン……………210

第5章　ドラゴン最強伝説❹
東洋のドラゴン・龍……211

九頭龍………………………………212
- 箱根・芦ノ湖の九頭龍伝説………212

虹蜺………………………………214
- 民家に現れた虹色のドラゴン……215

ルナナの龍………………………216
- ドラゴンを狙う猟師………………217
- ドラゴンに救われた猟師…………218

明神池の龍………………………220
- 大蛇の胴体が変化した龍…………220

七歩蛇……………………………222
- 猛毒を持つ小さなドラゴン………223

八郎潟の龍………………………224
- 十和田湖を追われた龍……………225

蟄龍………………………………226
- 極小のドラゴン……………………226

ミズハノメ（ミズハメ）………228
- 竜宮城のある川を司る龍…………229

蛟龍（蛟）………………………230
- 人間の力を借りに来た蛟龍………230
- 白い蛟龍と黄色い蛟龍の対決……232

蜃……………………………………234
- 不思議な生まれ方をするドラゴン…235
- ツバメのにおいを嗅ぎつけて
　暴れるドラゴン……………………237
- ■ドラゴン最強伝説　索引…………238

ドラゴンの エピソードと 分類

ドラゴンはいつの時代にもいろいろな物語に登場する特別な存在だ。西洋のドラゴンが火の性質を持ち悪魔的存在であるのとは対照的に、東洋の龍は水を司る神聖な霊獣なのである。そして、東西問わずドラゴンには、さまざまな伝承や物語があることが楽しみだ。

西洋のドラゴン

西洋のドラゴンは、口には牙がありその鋭い牙で獲物をかみ切ることができるだけでも脅威なのに、さらに口から炎を吐くという最強の攻撃力を持つ。頭には1本から数本の角があり、首は長く、太い胴体にはがっしりした4本の足がある。4本の足には鋭い爪があり、この爪で獲物を切り裂くのである。尾も長く太く先が矢じりのようになっている。この尾での一撃も強力である。さらにコウモリのような皮膚感のある大きな翼を持ち、その翼の力で巨体を浮かせ大空へ羽ばたく。地上からだけではなく空からも

分類別ドラゴン名 ドラゴン／ドラゴン飛竜タイプ

■…図解大事典「ドラゴン最強伝説」　■…図解大事典「ドラゴン」に登場

赤いドラゴンと白いドラゴン（■30ページ）　**アジ・スルワラ**（■60ページ）　**アジ・ダハーカ**（■28・155ページ　■34ページ）

アスプ（■108ページ　■54ページ）　**ウォントリーのドラゴン**（■140ページ　■14ページ）　**エチオピアのドラゴン**（■161ページ　■72ページ）

エレンスゲ（■142・163ページ　■68ページ）　**カシャフ川のドラゴン**（■46ページ　■22ページ）　**グウネズのドラゴン**（■62ページ）

クエレブレ（■24ページ　■42ページ）　**ゲルデルンのドラゴン**（■20ページ）　**ゴルィニシチェ**（■34ページ　■62ページ）　**スピンドルストンの竜**（■20ページ　■58ページ）　**聖ゲオルギウスのドラゴン**（■64ページ　■24ページ）　**聖ダニエルのドラゴン**（■163ページ　■56ページ）　**聖ドナトゥスのドラゴン**（■163ページ　■52ページ）

＊アスプは、蛇タイプもいるので、本書は蛇タイプで紹介。

攻撃ができるというこのスーパーパワーに人類は勝てるはずがない。しかも体を覆う皮膚は鋼鉄のように頑丈で、槍や剣を受けつけないという完璧な防御力も備わっている。さらに性格は凶暴である。そして何よりも困ることが神々に敵対し、人間を苦しめる存在であるということだ。

だが、西洋のドラゴンはこのタイプだけではない。蛇のような長い体を持つドラゴンもたくさん存在するのである。その姿は大蛇そのものであったり、ドラゴンの頭を持つ大蛇だったり、蛇の体に翼を持つものだったり、多頭だったりとさまざまだ。やはりこのタイプも鱗は鋼鉄のよう

に頑丈で槍や剣を受けつけないというものが多い。相手に巻きついたり毒を吐いたり、強力な毒の力で土地や水を使えなくして人々を苦しめたりもする。また、知恵のあるものもいるのでなかなか手強い。

西洋のドラゴンにはさらに違うタイプも存在する。混合タイプのようにライオンとワシとサソリが組み合わさったドラゴンや、亀と大蛇とライオンが組み合わさったドラゴンなどのように、いろいろな生き物の外見的要素を合わせ持つタイプが存在するのである。また、ワニに近いもの、トカゲに近いもの、イグアナに近いドラゴンも存在し、さらにワームの

聖マルガレータのドラゴン（■163ページ ■60ページ） ゾンダーダッハ山のドラゴン（■52ページ） トリスタンのドラゴン（■56ページ） ニーズヘッグ（■26ページ） バクナワ（■14・155ページ）
ハンプシャーの竜（■28ページ） ピュラリス（■50ページ） ピラトゥス山のドラゴン（■38ページ ■70ページ） ファーブニル（■16・161ページ ■32ページ） ファイアー・ドレイク（■159ページ ■36ページ） フェルニゲシュ（■42ページ ■66ページ） 不死身のジークフリートのドラゴン（■30・164ページ ■16ページ） フランケンシュタインの泉のドラゴン（■58ページ） ベイン・ヴェヘールのドラゴン（■54ページ） ベーオウルフのドラゴン（■68・161ページ ■38ページ） 黙示録の赤い竜（■155ページ ■46ページ）
リンドヴルム（■72・159ページ ■48ページ） レディ・オブ・ザ・ランド（■161ページ ■64ページ） ロングウィットンの竜（■74ページ ■74ページ） ワイヴァーン（■142・159ページ ■44ページ）

ような長い体の太さが同じままのドラゴンも存在する。

ドラゴンのタイプは、さまざまな国や地域によって環境や人柄が違うように、ドラゴンもさまざまなタイプが誕生してきたのである。同時にそこにはたくさんの伝承や物語が存在する。

東洋のドラゴン

一方、東洋には龍というドラゴンが存在する。頭には鹿のような角があり、鼻面から長い巻きヒゲが生えている。胴体は蛇のように細長く、背中にたてがみがあり、表皮は鱗で覆われている。4本の足にはワシの

分類別ドラゴン名 ドラゴン蛇タイプ

■…図解大事典「ドラゴン最強伝説」　■…図解大事典「ドラゴン」に登場

アポピス（アペプ）（■92・157ページ ■114ページ）　アルゴ号の冒険のドラゴン（コルキスのドラゴン）（■161ページ ■82ページ）　アンピプテラ（■86ページ）　アンフィスバエナ（アムピスバイナ）（■96・145ページ ■94ページ）　イルルヤンカシュ（ルヤンカス）（■82ページ ■84ページ）　ヴィーヴル（■86ページ ■88ページ）　ヴリトラ（■116ページ ■90ページ）　ウンセギラ（■104ページ）　オピオーン（オピオン）（■118ページ）　カドモスのドラゴン（アレースの大蛇）（■122ページ ■98ページ）　ギーブル（■96ページ）　シシュダ（枳首蛇）（■134ページ）　肥遺（■106ページ）　ピグチェン（■110ページ）　ピュートーン（ピュトン）（■130ページ ■108ページ）　ヒュドラー（ヒュドラ）（■126ページ ■102ページ）　ムシュマッヘ（■148ページ ■112ページ）　夜刀の神（■130ページ）　ヤマタノオロチ（八岐大蛇）（■112ページ ■78ページ）　ヨルムンガンド（ミドガルズオルム）（■98・157ページ ■116ページ）　ラードーン（ラドン）（■90ページ ■106ページ）　ラプシヌプルクル（■102ページ）　レインボー・サーペント（虹蛇）（■134・145・157・165ページ ■120ページ）　レヴィアタン（リヴァイアサン）（■78・144・157ページ）

ようなかぎ爪がある。4本の足は西洋のドラゴンのように太くはない。

龍は人間の言葉を理解し、神通力を持ち、翼がなくても空を自在に飛ぶことができる。そして雲、雨、雷を司る。体内から発生させた気を、雲に変えるという。龍は雲を自在に操り、雨を降らせ雷を発生させるのだ。

中国では、龍の高貴さから皇帝の権力の象徴とされた。本書では、漢字表記する場合は西洋のドラゴンを「竜」と書き、東洋のドラゴンを「龍」としている。

さて、ドラゴンの分類の仕方はさまざまあるけれども、本書は見た目の姿で分類している。

分類別ドラゴン名 ドラゴン混合タイプ

■…図解大事典「ドラゴン最強伝説」 ■…図解大事典「ドラゴン」に登場

アツユ（■178ページ） イツァム・ナー（■155ページ ■176ページ） イピリア（■184ページ） ガルグイユ（■144ページ）

鬼弾（■198ページ） 吉弔（■140ページ） キリム（■182ページ ■172ページ） グランガチ（■142ページ） クロック・ナ・クロイブのドラゴン（■194ページ） ケツァルコアトル（■148ページ）

サラマンダー（■182ページ） スキタリス（■196ページ）

聖シェナーンのドラゴン（■200ページ）

タラスクス（タラスク）（■168ページ ■152ページ） テュポーン（■155・188ページ ■228ページ） 野槌（■154ページ） バジリコック（コカトリス）（■146ページ ■160ページ）

バジリスク（バシリスク）（■206ページ ■156ページ） バニップ（バンイップ）（■174ページ） 馬絆蛇（■162ページ） ピアサ（■186ページ ■180ページ） ペルーダ（■202ページ ■136ページ）

ペルセウスのドラゴン（■172ページ ■166ページ）

マカラ（■164ページ） ムシュフシュ（シルシュ）（■146・159ページ ■150ページ） ラニオンのドラゴン（■165・192ページ）

龍馬（■147ページ ■168ページ）

ワーム（■178ページ ■170ページ） ※「竜人」も含む。

まずは「西洋のドラゴン」と言えば、爬虫類のような姿の4本足のドラゴンを思い浮かべるだろう。

本書ではオーソドックスな姿の「ドラゴン」以外は、足が4本より少ない空を飛ぶ翼竜のような姿をしたドラゴンを「ドラゴン飛竜タイプ」とし、蛇の姿のドラゴンや蛇のように胴体が長いドラゴンを「ドラゴン蛇タイプ」、2種類以上の生き物の特徴を合わせ持った姿のドラゴンを「ドラゴン混合タイプ」としている。

そして、「東洋のドラゴン」は中国や日本などに伝わるドラゴンを「龍」として分類している。

本書は、ドラゴンのエピソード（物語）を紹介するドラゴンエピソード版である。ドラゴンに関しては本書と合わせて、図解大事典「ドラゴン」をご覧いただき、ドラゴンの魅力をたっぷり感じていただければ幸いである。

分類別ドラゴン名 東洋のドラゴン・龍

■…図解大事典「ドラゴン最強伝説」　■…図解大事典「ドラゴン」に登場

印旛沼の龍（■218ページ）　応龍（■208ページ）

鐘ヶ淵の龍（■217ページ）　虬龍（■166ページ ■190ページ）

九頭龍（■212ページ ■192ページ）　虹蜺（■214ページ ■194ページ）

黄龍（■150・159ページ ■210ページ）

蛟龍（蛟）（■230ページ ■186ページ）

黒龍（■196ページ）　五頭龍（■216ページ）

四海龍王（■212ページ）　七歩蛇（■222ページ）　燭陰（■157ページ ■224ページ）　蜃（■234ページ ■198ページ）

青龍（青龍）（■204ページ）

螭（螭龍・雨龍）（■166ページ ■201ページ）　蟄龍（■226ページ）

斗牛（■202ページ）　白龍（■206ページ）

八郎潟の龍（■224ページ）　ミズハノメ（ミズハメ）（■228ページ）

明神池の龍（■220ページ）

ルナナの龍（■216ページ ■214ページ）　※「竜人」も含む。

※「竜人」については、図解大事典「ドラゴン」12ページ、219～235ページ。

第1章
ドラゴン最強伝説 ①
ドラゴン／ドラゴン飛竜タイプ

バクナワ、ファーブニルなど

21話

ドラゴン最強伝説❶
ドラゴン

容姿 灰色の蛇のような胴体　大きな口とヒゲ
前足が2本と一対の翼
特徴 月をのみ込むほど大きな口の超巨大ドラゴン

バクナワ

⭐ 6つの月を丸のみにしたドラゴン

　バクナワはフィリピンのセブ島に伝わるドラゴンで闇を司る神だ。伝承によると、はるか昔、月は1つではなく7つあったという。
　あるときバクナワは月を見て「おいしそうだ。」と思い、試しに月の1つを丸のみして腹の中で転がしてみた。月はあめ玉のように溶けてなくなったのでバクナワは2つめ、3つめとのみ込んでいき6つの月までのみ込んでは溶かしていった。そして最後の月をのみ込もうとしたときに、島の人々が、月を全てのみ込まれては大変だと思い、笛や太鼓を鳴らしてバクナワに月をのみ込まないように大声で頼んだ。
　するとバクナワは神である自分の姿が人間に見られたことに気がつき、最後の月をのみ込まずに海中に戻っていったという。

ドラゴン最強伝説 ❶ ドラゴン

容姿 硬い鱗　強力な尾　鋭い牙と爪
特徴 毒の息を吐く　自分の財宝を守っている

ファーブニル

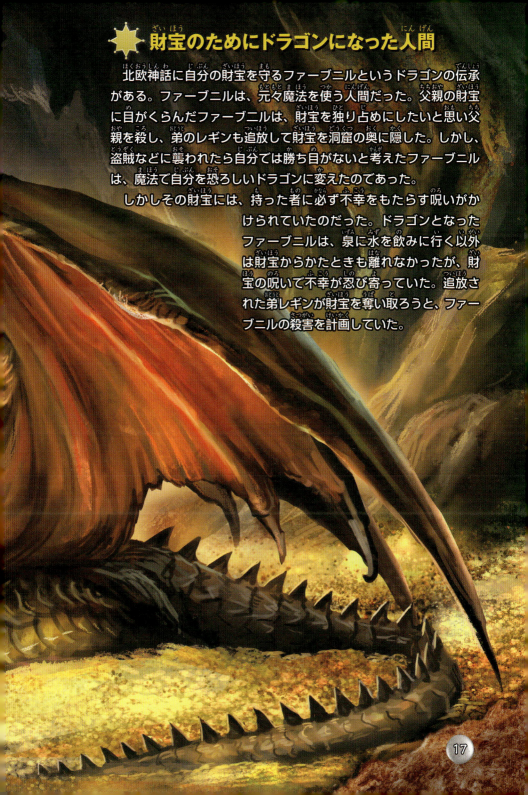

★ 財宝のためにドラゴンになった人間

　北欧神話に自分の財宝を守るファーブニルというドラゴンの伝承がある。ファーブニルは、元々魔法を使う人間だった。父親の財宝に目がくらんだファーブニルは、財宝を独り占めにしたいと思い父親を殺し、弟のレギンも追放して財宝を洞窟の奥に隠した。しかし、盗賊などに襲われたら自分では勝ち目がないと考えたファーブニルは、魔法で自分を恐ろしいドラゴンに変えたのであった。

　しかしその財宝には、持った者に必ず不幸をもたらす呪いがかけられていたのだった。ドラゴンとなったファーブニルは、泉に水を飲みに行く以外は財宝からかたときも離れなかったが、財宝の呪いで不幸が忍び寄っていた。追放された弟レギンが財宝を奪い取ろうと、ファーブニルの殺害を計画していた。

シグルズのドラゴン退治

　鍛冶師になっていたレギンは、弟子のシグルズにファーブニルが水を飲みに行く途中の道に穴を掘って隠れ、剣で突き上げて殺すように命じた。その通りにシグルズはファーブニルが穴の上を通ったとき、剣を一気に突き上げると剣はファーブニルの体を貫いた。ファーブニルは隠した財宝に呪いがかかっていることを告げて死んだ。
　レギンはシグルズにファーブニルの心臓を食べるので取り出して焼くように命じて一眠りした。シグルズは焼け具合を見るために一口食べると、突然、鳥たちのさえずりが聞こえ、それが言葉となって「レギンが心臓を食べた後にシグルズを殺す。」と言うのである。それを聞いたシグルズは、眠っているレギンを殺して財宝を独り占めにしたのだが、シグルズもやがて財宝の呪いで死んでしまったという。

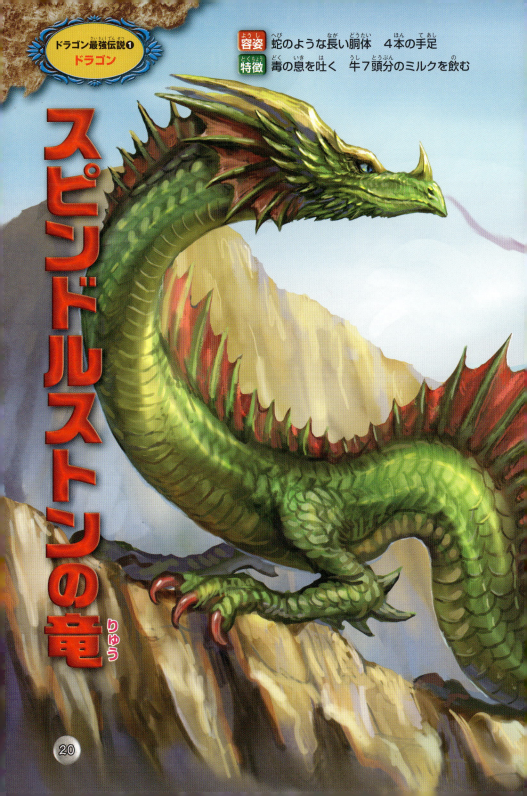

ドラゴン最強伝説❶
ドラゴン

容姿 蛇のような長い胴体　4本の手足
特徴 毒の息を吐く　牛7頭分のミルクを飲む

スピンドルストンの竜

魔法でドラゴンにされた王女

　スピンドルストンの竜はイングランドのノーサンバーランド州に伝わるドラゴンだ。ノーサンバーランド地方のバンバラ城の王女は、美しく性格も良くて誰にも好かれる人柄であった。ところが王女の評判の良さに嫉妬した女性がいた。それは継母の女王だ。実は父である王が再婚をした女性は魔女だったのである。魔女は嫉妬のあまり王女に呪いをかけドラゴンに変えてしまった。
　ドラゴンにされた王女は悲しみ、険しい崖のあるスピンドルストンに棲みついた。吐く息に強力な毒を持つこのドラゴンは、初めは害を与えないように人間に近づこうとしなかったのだが、時がたつにつれて知能や性格までドラゴンになっていった。やがてドラゴンは、この地方の人々の生活を脅かすようになってしまったのである。

ドラゴン最強伝説❶
スピンドルストンの竜

☀ ドラゴンが人間に戻る

　スピンドルストンに棲みついたドラゴンはやがて周囲を暴れ回るようになり、スピンドルストンの人々は毎日牛7頭分ものミルクをドラゴンに与えてなだめていたのである。そんなドラゴンを探す若者がいた。それはスピンドルストン地方で暴れるドラゴンの噂を聞いて、そのドラゴンは妹だと確信した兄だった。
　兄は少数の部下とドラゴンの元に向かった。ドラゴンは兄に会うと、かすかに残る人間の心で「武器を置いてドラゴンの私に3回キスしてほしい。」と言うのであった。兄がその通りにするとドラゴンは洞窟に入っていき、次に出てきたときは姿も心も元の王女になっていた。王は王子と王女が戻ってきたことに喜び、そして継母である女王は呪いの魔法によってヒキガエルにされたという。

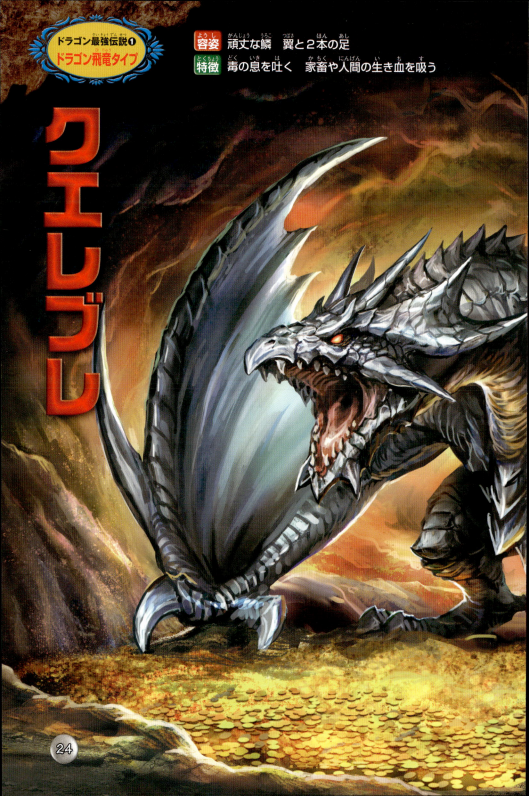

財宝を魔法で守るドラゴン

　スペイン北西部のアストゥリアス地方の古い伝承に登場するドラゴンのクエレブレは、頑丈な鱗で覆われた大蛇のような胴体に、翼と2本の足を持つ飛竜だ。クエレブレはアストゥリアス地方に生まれ育つドラゴンなのだが成長すると、やがてアストゥリアス地方を離れて海のかなたにある洞窟、または海の底を新たな棲み家にするという。そしてクエレブレは、この棲み家にたくさんの財宝をためこんでいるといわれている。
　そこで、その財宝を盗もうとするものが次々と現れるのだが、誰も盗むことはできない。それはクエレブレが見張っていることのほかに、棲み家に侵入してきた者を道に迷わせる魔法をかけているので、誰も財宝のありかまでたどり着けないというのである。

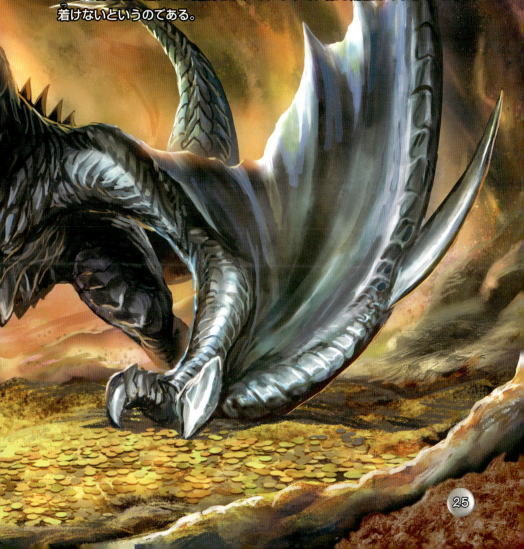

ドラゴン最強伝説❶ クエレブレ

✦ 妖精を手元に置くクエレブレ

　クエレブレはサナ（シャナ、シアナ）という妖精たちを捕らえて、自分の元に置いているという。サナはアストゥリアス地方に伝わる自然の妖精で、長い髪の美しい女性の姿で、山の中の洞窟や泉や川、滝などきれいな水がある場所に棲んでいる。いたずら好きな妖精だが、人間を本当に困らせることはしないという。また、サナが身につけているものや家具などは黄金でできていて、サナを助けてくれた人間にあげるという。

　サナを救出しようとした英雄がいた。彼は真夏の夜の一夜だけ、侵入してきた者を道に迷わせるという棲み家にかけられた魔法が解除されるときがあることを知った。そのときを狙って洞窟に忍びこみ、クエレブレを倒して、サナを救出し財宝を手に入れたという。

ドラゴン最強伝説❶ ドラゴン

容姿	3つの頭　巨大な翼
特徴	100種類の魔術を使いこなす

アジ・ダハーカ

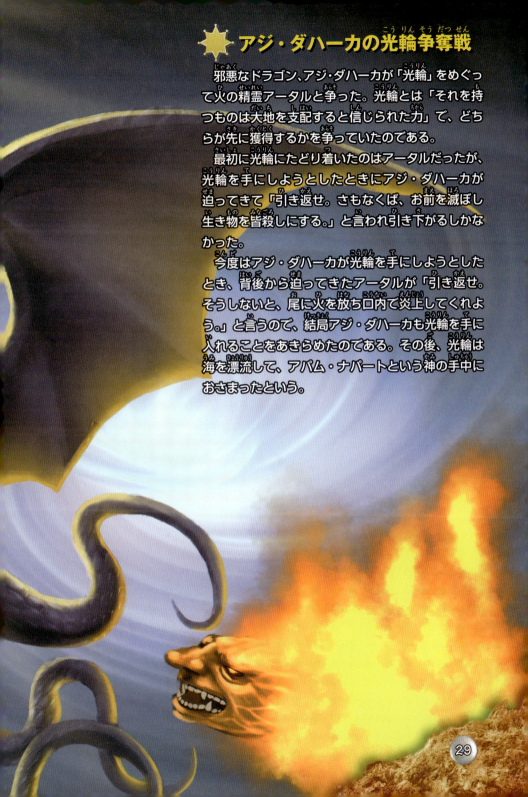

✦ アジ・ダハーカの光輪争奪戦

邪悪なドラゴン、アジ・ダハーカが「光輪」をめぐって火の精霊アータルと争った。光輪とは「それを持つものは大地を支配すると信じられた力」で、どちらが先に獲得するかを争っていたのである。

最初に光輪にたどり着いたのはアータルだったが、光輪を手にしようとしたときにアジ・ダハーカが迫ってきて『引き返せ。さもなくば、お前を滅ぼし生き物を皆殺しにする。』と言われ引き下がるしかなかった。

今度はアジ・ダハーカが光輪を手にしようとしたとき、背後から迫ってきたアータルが「引き返せ。そうしないと、尾に火を放ち口内で炎上してくれよう。」と言うので、結局アジ・ダハーカも光輪を手に入れることをあきらめたのである。その後、光輪は海を漂流して、アバム・ナパートという神の手中におさまったという。

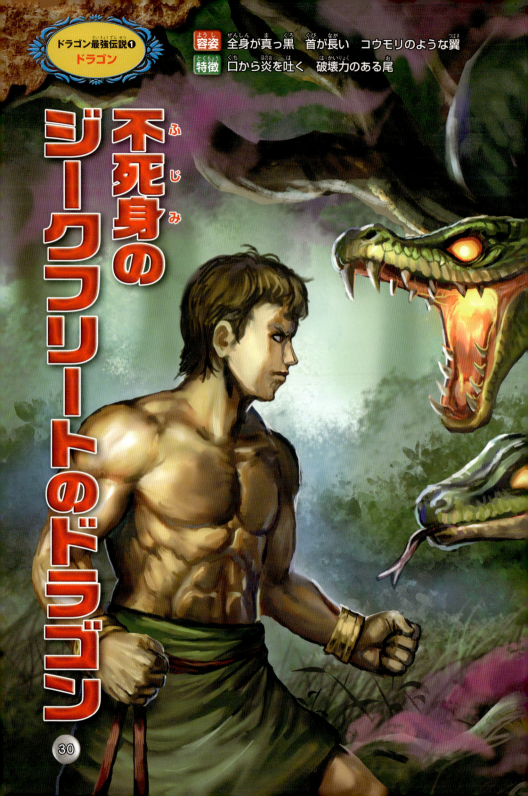

ドラゴン最強伝説❶
ドラゴン

容姿　全身が真っ黒　首が長い　コウモリのような翼
特徴　口から炎を吐く　破壊力のある尾

不死身のジークフリートのドラゴン

30

✹ こうしてジークフリートは不死身になった

　ある日、ジークフリートが森を通っていたときに菩提樹にたくさんのドラゴンが絡みついていた。ドラゴンたちはジークフリートを見つけると、いっせいに毒の息を吐きかけてきた。ジークフリートは周りにある大木をへし折ってドラゴンたちに投げつけると、ドラゴンたちは木の下敷きになり身動きができなくなった。ジークフリートはその木に火をつけてドラゴンたちを焼き尽くした。
　そのとき、焼かれているドラゴンから脂がどんどんと流れ出てきた。ジークフリートは脂が冷えて固まると鉄のように硬くなることに気づき、急いでその脂を体中に塗りつけると、体は剣も槍も跳ね返すほど強靭になったのだ。不死身のジークフリートの誕生である。

王女をさらった炎を吐くドラゴン

不死身になったジークフリートと戦ったのは、全身が真っ黒で口から炎を吐く巨大ドラゴンだ。実はこのドラゴンは元は人間で、ある国の王子だったが、性格が悪く魔女をだましてしまい、怒った魔女の呪いによってドラゴンの姿にされたのである。

呪いを解くには清い心の王女に5年間、自分の世話をさせることであった。そこでドラゴンは王女をさらって洞窟に閉じ込めた。ジークフリートはドラゴンのいる洞窟で王女を救い出そうとすると、ドラゴンは牙や爪で攻撃をしてきたが、ジークフリートの不死身の体に傷をつけることはできない。次は灼熱の炎攻撃だった。強烈な炎でジークフリートの体に塗られた脂は溶け始めたが、次の瞬間ジークフリートの剣がドラゴンの胴を真っ二つに切り裂いていた。

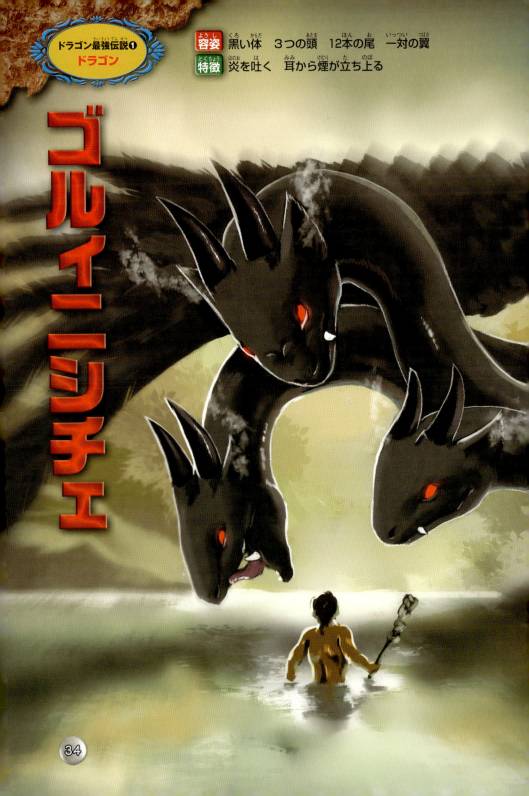

✶ 勇士ドブルイニャの命を狙うドラゴン

　勇士ドブルイニャはロシアの隣国ウクライナの英雄で首都キーウに住んでいた。ある日、この英雄を倒すためにドラゴンがこの地に飛んできた。なぜなら、このドラゴンは勇士ドブルイニャに殺されるという予言を受けていたからである。そこでドラゴンは、予言が実現される前に勇士ドブルイニャを殺してしまおうと考えた。このドラゴンこそ、邪悪なゴルィニシチェだ。
　勇士ドブルイニャが川で水浴びをしているところを発見したゴルィニシチェは、武器を持っていない今なら勝てると思い襲いかかった。しかし勇士ドブルイニャは、かぶっていたギリシャ風の柔らかい帽子に砂を詰めて硬い棍棒のようにすると、それでドラゴンを殴り倒した。驚いたドラゴンは、自分を殺さないように頼んだのであった。

35

ドラゴン最強伝説 ❶
ゴルィニシチェ

⭐ 勇士ドブルイニャのドラゴン退治

　勇士ドブルイニャはゴルィニシチェに「二度と人を襲わない」「ドブルイニャの国では争いをしない」などの誓いをさせて許した。しかし人をさらってきては牢屋に閉じこめるという悪賢いゴルィニシチェはこの誓いなど最初から守るつもりはなかったのであった。解放されると、すぐさま王宮を襲撃して姫をさらったのだ。王は勇士ドブルイニャに姫を救い出すように命じた。
　勇士ドブルイニャは愛馬に乗るとゴルィニシチェの棲み家に向かった。戦いは3日3晩続いた。勇士ドブルイニャが武器の一つである7又に分かれた絹糸の鞭でゴルィニシチェを打ち据え、剣でゴルィニシチェの3本の首を全て切り落として退治したという。こうして捕らえられていた姫や牢屋に入れられていた人々が解放された。

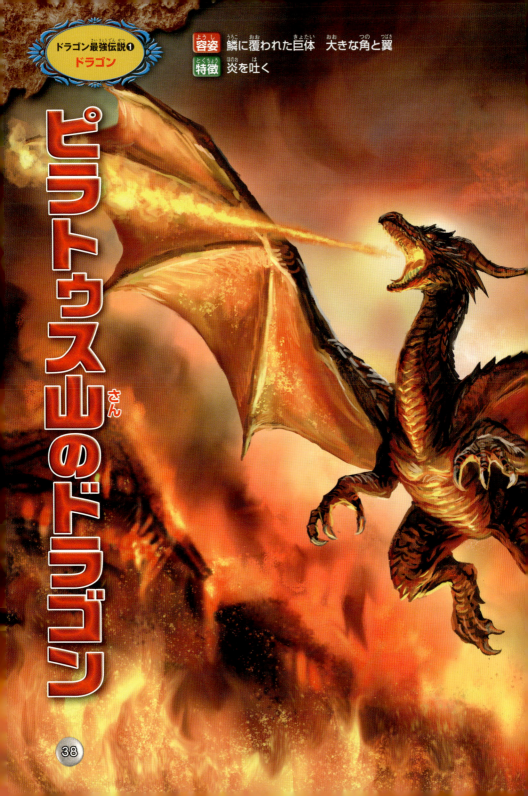

ドラゴン最強伝説 ❶ ドラゴン

容姿 鱗に覆われた巨体　大きな角と翼
特徴 炎を吐く

ピラトゥス山のドラゴン

毒を吐くピラトゥス山のドラゴン

　スイスのアルプス山脈のピラトゥス山に伝わるドラゴンは人間を助けた良いドラゴンの話があるが、悪いドラゴンの話も伝わっている。悪いドラゴンは人間ほどの大きさで、背中に翼があり、毒や炎を吐く。その性格は凶暴で、火を吐いて近隣の地の家や家畜を焼き尽くして、人々を苦しめるのだった。

　そこで、この地の領主がドラゴン退治に乗り出した。剣とトゲのついた枝を巻きつけた槍を持ってドラゴンと対決。ドラゴンが火を吐こうと口を開いたときに槍を突き、ドラゴンがひるんだすきに剣でとどめを刺したのだ。しかし、飛び散った有毒な血が手にかかり、さらに瀕死のドラゴンが毒の息を吐いたのを吸いこんでしまった。結局、ドラゴンは倒したのだが領主も命を落としたのだという。

✶ ピラトゥス山で発見されたドラゴン

ピラトゥス山にはいろいろなドラゴンが言い伝えられ、地元の人々は現在もこのドラゴンが棲んでいると信じている。なぜなら15世紀に入ってからも、ドラゴンの目撃がいくつも報告されているのだ。

そのひとつは、ピラトゥス山に翼をはばたかせながら飛んできたドラゴンが、何らかの理由で気絶してしまい、ある農家の近くに落ちたという。驚いた農家の住人がその場所まで行ってみると、すでにドラゴンの姿はなく地面に凝固した血のかたまりと大きな石が見つかった。その石は竜の石（ドラゴンストーン）と呼ばれ、後に人間を治癒する力があることがわかったのである。また、数年後には、嵐の夜に川の橋の近くに翼のないドラゴンが這い上がってきた。このドラゴンは雷鳴に驚いたのか、あわてて山を駆け下りていったという。

ドラゴン最強伝説❶
ドラゴン

容姿 黒い体　翼がある

特徴 人間のように話ができる　タバコを吸う

フェル＝ゲシュ

勇士ヤーノシュと黒竜フェルニゲシュ

　ハンガリーのある城には、開けてはいけない部屋があった。その中に石で作られた大きな桶があり、桶の中にはフェルニゲシュという強力なドラゴンが封印されていた。
　青年ヤーノシュは好奇心と不注意から封印を解いて危険なフェルニゲシュを解放してしまった。自由の身になったフェルニゲシュは、姫をさらって自分の領地に飛び去っていった。
　ヤーノシュは姫を救い出すための旅の途中で3匹のドラゴンに出会った。それぞれ6本、12本、24本の首を持つ3兄弟のドラゴンだ。彼らこそフェルニゲシュを封印した3匹だった。フェルニゲシュは1000匹のドラゴンが集まっても勝てないほど強い相手なので、力ではなく速さで勝負しようと、3匹のドラゴンはヤーノシュに知恵を与えた。

43

5本足の馬に乗る黒竜フェルニゲシュ

　ヤーノシュは、3匹のドラゴンから借りた俊足の馬に乗り、フェルニゲシュから姫を救って逃げた。しかし、フェルニゲシュは、20歩で30キロメートルも進むという速さの5本足の馬に乗って、あっという間に追いつき、姫は取り返されてしまった。

　でも、あきらめなかったヤーノシュはフェルニゲシュの馬よりも速い馬がいることを知った。それは魔女が持っている6本足の馬で、5本足の馬の兄であった。魔女との知恵比べに勝ったヤーノシュは6本足の馬でフェルニゲシュから再び姫を救出して逃げたのだった。フェルニゲシュも5本足の馬で追いかけたが、無理な走りに激怒した馬は高く跳び上がって、黒竜フェルニゲシュを振り落とした。地面に激突したフェルニゲシュはそのまま死んでしまったのである。

ドラゴン最強伝説❶ ドラゴン

容姿 巨大な体　黒く長い尾
特徴 炎や毒を吐く　生物を全滅させる

カシャフ川のドラゴン

✦ カシャフ川に現れたドラゴン

　イランの伝承によると、サームという英雄が治める国土の中にカシャフ川があった。そのカシャフ川に巨大なドラゴンが棲みつき、人々を苦しめ国土を破壊し、我が物顔で暴れ回った。人々の苦しみを知ったサームは、ついに自らがドラゴン退治に行く決断をした。それまでに、ドラゴン退治に行った勇者たちはいるのだが、全滅している。それほど手強いドラゴンだったのである。
　サームは唯一の絶対神アラーに勝利を祈り、牛頭を模した矛と盾、弓矢を携え、象ほどの大きさのある馬にまたがりドラゴンとの戦いに挑んだ。ドラゴンのいる場所は、炎とともに煙がたなびき、毒で腐った土のにおいが漂っていた。サームがドラゴンに向かって馬を走らせると、巨大なドラゴンが黒いたてがみのある長い首を持ち上げた。

47

ドラゴンと一撃のサーム

　ドラゴンに立ち向かったそれまでの勇者たちは、その巨大さに驚き、逃げ出したために背後から毒や炎を浴びせられたのだった。サームも突然現れたドラゴンの巨大さに驚いたが、ひるむことなく神の名を唱えるとドラゴンに向かって突き進み、サームの放った矢はドラゴンの口に命中して舌を射抜き上あごまで達した。

　それでもドラゴンは迫ってくるので、サームは渾身の力をこめて牛頭の矛を振り下ろすと、ドラゴンはその強力な一撃で頭が割れ、恐ろしい声を上げて倒れた。この渾身の一撃でドラゴンを倒したサームは、その後「一撃のサーム」と呼ばれるようになった。

　しかし、ドラゴンの体から大量の毒が流れ出したカシャフ川は死の川となり、この地には何年も作物が育たなかったという。

ドラゴン最強伝説❶
ドラゴン飛竜タイプ

|容姿| 青銅色の体　4本足　羽は透明
|特徴| 口から炎を吐く　超ミニサイズのドラゴン

ピュラリス

炎の中のミニのドラゴン

　ピュラリスはギリシャの南東に浮かぶキプロス島に伝わるドラゴンだ。ピュラウスタやピュラゴネスと呼ばれることもある。大きさは人間の手の指先ぐらいというミニサイズだ。その姿は青銅色の細い体、4本足で羽はハエやカのように透明で尾は長い。銅の鉱石を溶かして固める鋳造所の中に棲んでいる。鋳造所の中は常に燃え盛っていて、ピュラリスはこの中で群れを作って飛

50

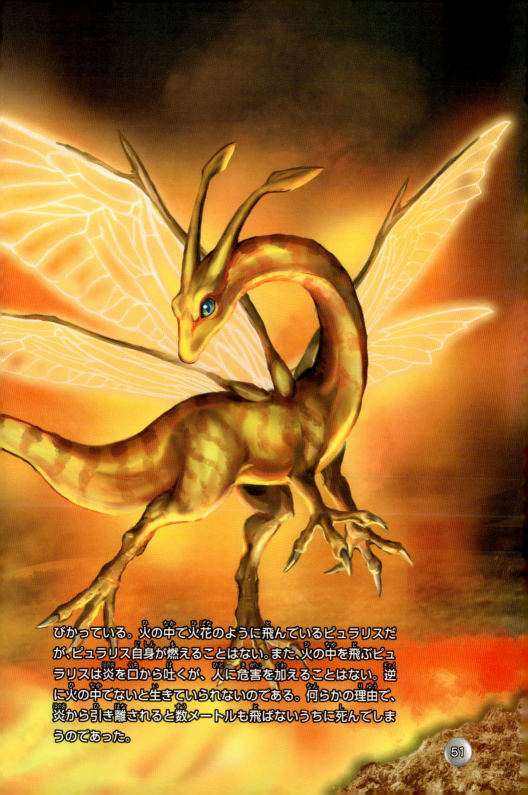

びかっている。火の中で火花のように飛んでいるピュラリスだが、ピュラリス自身が燃えることはない。また、火の中を飛ぶピュラリスは炎を口から吐くが、人に危害を加えることはない。逆に火の中でないと生きていられないのである。何らかの理由で、炎から引き離されると数メートルも飛ばないうちに死んでしまうのであった。

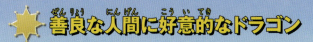

善良な人間に好意的なドラゴン

オーストリアにあるゾンダーダッハ山のふもとの湖に棲んでいたドラゴンだ。湖は19世紀ごろまであったという。この湖のほとりに少女がやってきては美しい歌声で歌っていた。湖の中に棲むドラゴンは、この歌声に聞きほれて水面から顔を出したという。少女も驚いたりしないところを見ると、人を襲うドラゴンでなかったようである。

また、ドラゴンは湖の底に自分の宝物を持っていて貧しくても頑張っている兵士には宝物を与えたという。このドラゴンは善良な人間に対しては好意的だった。ところが、欲深い村人たちが湖の底にある宝物を全部手に入れようとした。それを知ったドラゴンは、村人たちが湖の深さを測ろうと糸に石をつけて沈めたときに現れると、津波を引き起こして村を水の中に沈めてしまったという。

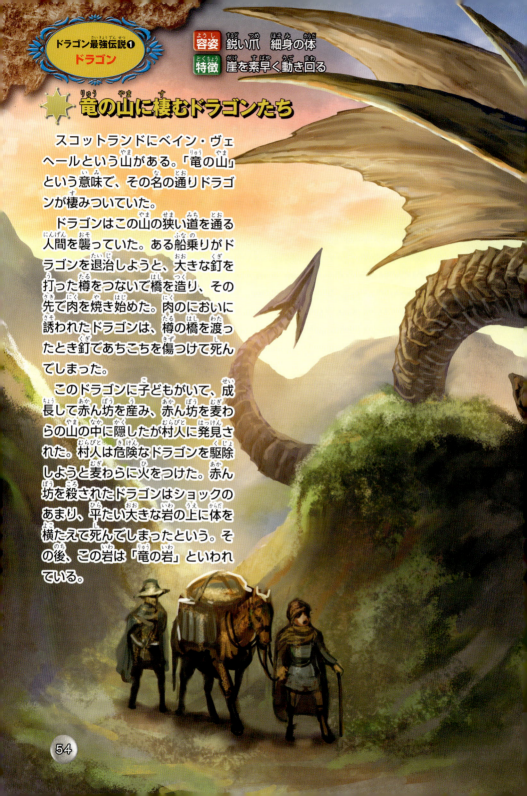

ドラゴン最強伝説❶
ドラゴン

容姿 鋭い爪　細身の体
特徴 崖を素早く動き回る

竜の山に棲むドラゴンたち

スコットランドにベイン・ヴェヘールという山がある。「竜の山」という意味で、その名の通りドラゴンが棲みついていた。

ドラゴンはこの山の狭い道を通る人間を襲っていた。ある船乗りがドラゴンを退治しようと、大きな釘を打った樽をつないで橋を造り、その先で肉を焼き始めた。肉のにおいに誘われたドラゴンは、樽の橋を渡ったとき釘であちこちを傷つけて死んでしまった。

このドラゴンに子どもがいて、成長して赤ん坊を産み、赤ん坊を麦わらの山の中に隠したが村人に発見された。村人は危険なドラゴンを駆除しようと麦わらに火をつけた。赤ん坊を殺されたドラゴンはショックのあまり、平たい大きな岩の上に体を横たえて死んでしまったという。その後、この岩は「竜の岩」といわれている。

ドラゴン最強伝説❶ ドラゴン

容姿	長い舌　鋭く曲がった角
特徴	炎を吐く　凶暴

トリスタンのドラゴン

トリスタンの
ドラゴン退治

　騎士のトリスタンはある事情でイギリスからアイルランドに流れ着いた。すると、そこでは巨大な竜が暴れているという大変な状況であった。国王は「竜を退治した者には姫を与える。」と言い、優秀な騎士であるトリスタンはドラゴン退治を決意した。トリスタンはドラゴンから逃げてきた一行と出会い、その先で炎を吐くドラゴンと戦った。ドラゴンは手強かったが長い激闘の末、ドラゴンを倒し、その証拠にドラゴンの舌を切り取ったのだが、そこで気を失ってしまった。逃げていった一行が引き返してくるとドラゴンが死んでいたので、その中の一人が国王に自分が退治したとウソを言った。しかし元気になったトリスタンがドラゴンの舌を持っていたことから、ウソがばれて城から逃げ去ったという。

57

ドラゴン最強伝説 ❶
ドラゴン

容姿 太い後ろ足　やや小さめの翼
特徴 凶暴　素早い動き

フランケンシュタインの泉のドラゴン

泉を支配するドラゴン

　フランケンシュタインの泉のドラゴンとは、ドイツの南西部のフランケンシュタインという城の近くにある泉に棲むドラゴンだ。
　この泉は、城や近くの村に住む人々にとって、飲み水を与えてくれる唯一の場所だったが、泉に棲むドラゴンは凶暴で近づくことができなかった。そこで人々はドラゴンの近くに家畜を放ち、ドラゴンが家畜を食べることに夢中になっている間に水を汲むのだった。
　しかし、このままでは家畜がいなくなってしまうので、ある騎士がドラゴン退治を決意。長い戦いの末、ついに騎士はドラゴンを倒したのだが、最後のとどめを刺したと同時に、ドラゴンに鎧の隙間を刺されて命を落としてしまったのである。騎士の墓石にはドラゴンに乗った騎士の姿が刻まれたという。

容姿	頭に大きな角
特徴	背中から黄色い毒を出す

ドラゴン最強伝説❶ ドラゴン

アジ・スルワラ

✹ 背中で火を起こされたドラゴン

　アジ・スルワラはゾロアスター教の神話に登場するドラゴンだ。獰猛な性格で人間や家畜を襲って貪り食うのだ。そして、この神話には、クルサースパという英雄が登場する。クルサースパは人々を苦しめる巨大な鳥や怪物、悪魔などを退治した大英雄である。

　ある日、クルサースパが火を起こして昼食をとろうとしていた。ところが、その場所はアジ・スルワラの背中の上だったのである。大きいドラゴンだったので、クルサースパもまさか退治しようとして探していたアジ・スルワラの上にいるとは気がつかなかった。アジ・スルワラは火の熱さに汗をかき始め、ついには我慢しきれずに突進した。さすがのクルサースパも驚いて逃げたというが、結局アジ・スルワラはクルサースパに退治されることになるのであった。

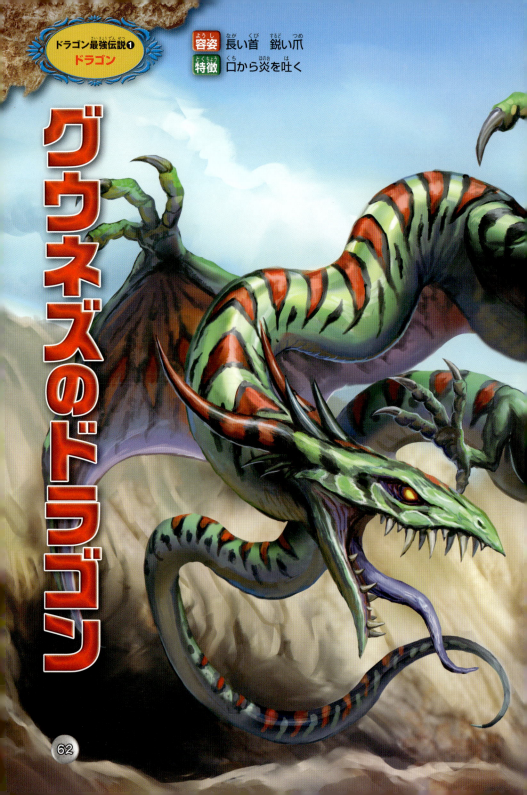

ドラゴン最強伝説❶
ドラゴン

容姿	長い首　鋭い爪
特徴	口から炎を吐く

グウネズのドラゴン

母乳とパンで変身したドラゴン

ウェールズのグウネズ地方に伝承するドラゴンだ。普通の蛇が人間の母乳を飲み、キリスト教の儀式のために清められたパンを食べると、蛇から翼が生えたり、ドラゴンに変身したりするというのである。こうしてドラゴンになった蛇は、口から炎を吐くようになる。

ドラゴンは洞窟に棲んでいるのだが、口から炎を吐き出すために、洞窟の入り口からはいつも炎や煙が出ているという。このドラゴンは人のためになることはせずに、ドラゴンの通り道を横切ろうとする者を襲うのであった。困った人々は退治に乗り出した。柱に釘をたくさん打ちつけ、赤い布を巻きつけてドラゴンの近くの地面に立てた。するとドラゴンはなぜか怒り狂って柱を攻撃。ドラゴンは、赤い布の下に隠されていた鋭い釘で引き裂かれて倒れたという。

ドラゴン最強伝説❶ ドラゴン

容姿 黄緑色の体　蛇の目模様の翼　硬い鱗と鋭い牙
特徴 毒の息を吐く

聖ゲオルギウスのドラゴン

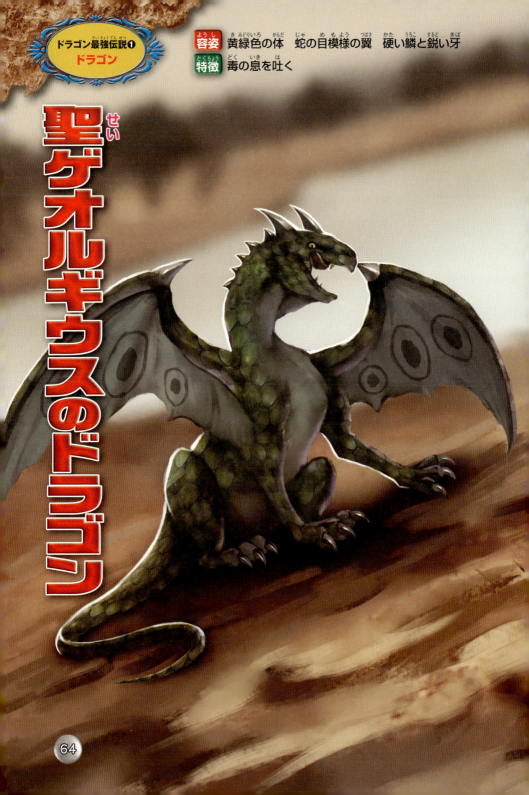

毒を吐き生け贄を求めるドラゴン

北アフリカのリビアの町・シレナの近くの湖に棲みついたドラゴンは、硬い鱗と鋭い牙を持ち、毒の息を吐く恐ろしいドラゴンだった。毎日、シレナの城壁まで来ては生け贄を求め、それがないと伝染病を引き起こす毒の息をまき散らすのだった。

困った王は、毎日ドラゴンに羊を2頭ずつ与えて難を逃れていたが、やがて羊は足りなくなり、羊1頭と人間を生け贄に差し出すことになってしまった。町の息子や娘もほとんどが生け贄になっていき、ついに王の一人娘の番になった。王は悲しみ、人々に宝石を差し出す代わりに娘を生け贄にしないように頼むが、自分の息子や娘をすでにドラゴンの生け贄にされていた人々は怒り、王宮に押しかけたので、さすがの王も観念して王女に羊を引かせて湖に向かわせた。

✶ 聖ゲオルギウスのドラゴン退治

　この地を訪れた信仰深い騎士ゲオルギウスは、ドラゴンの話を聞くと「神の名において王女を助ける。」と誓う。湖から現れたドラゴンに向かって、馬にまたがったゲオルギウスが、長い槍を構えドラゴンに突進して一気にドラゴンを突いたが、死んではいなかった。ゲオルギウスは助けた王女が身につけていた帯をドラゴンの首に巻きつけると、ドラゴンはおとなしくなった。
　二人はドラゴンを連れて町まで来ると、人々はドラゴンを見て悲鳴を上げた。ゲオルギウスが「神を信じてキリスト教に改宗するなら、ドラゴンを殺してあげましょう。」と言うと、王が真っ先に洗礼を受け、町の人々も次々に洗礼を受けた。ゲオルギウスは剣でドラゴンの首をはねたので、人々はようやく恐怖から解放されたという。

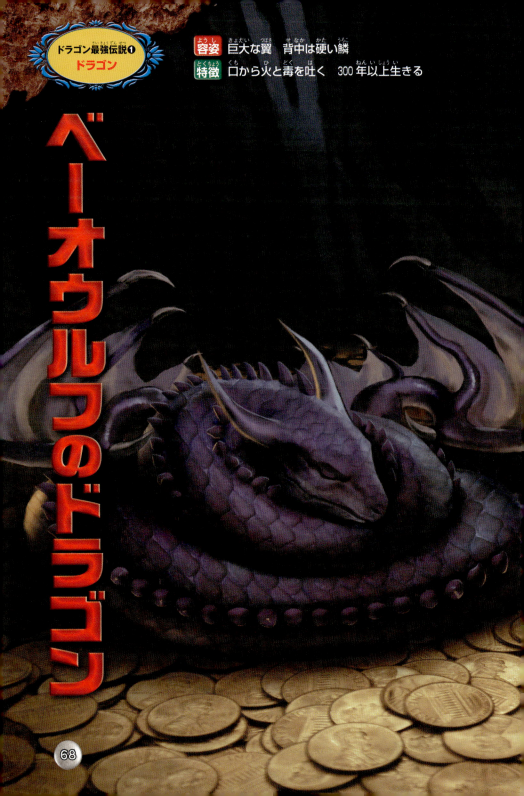

ドラゴン最強伝説❶ ドラゴン

容姿	巨大な翼　背中は硬い鱗
特徴	口から火と毒を吐く　300年以上生きる

ベーオウルフのドラゴン

★ ドラゴンを怒らせた
一人の人間

　ベーオウルフは国王でありながら、数々の冒険をして多くの怪物を倒してきた英雄だ。しかし、このドラゴンと対決するときには老齢となり、かつての力はなくなっていた。一方、300年以上も生き続けてきたドラゴンは洞窟に棲み、数々の財宝の上にトグロを巻いて悠々と眠っていたのである。
　そんなある日、洞窟に迷いこんだある男が、ドラゴンがぐっすり眠りこんでいるのを見て、こっそりと宝石で飾られた黄金の盃を盗んで持ち帰った。目覚めたドラゴンは怒り狂い、その夜からドラゴンは人間の住むベーオウルフの国にやってくると、人々に炎による地獄のような苦しみを与え始めたのである。人々は、毎夜飛んできては、多くの館や船を焼き尽くすドラゴンに恐れるしかなかった。

★ 老王ベーオウルフと炎のドラゴンの対決

　国王ベーオウルフは領土と国民を守るためにドラゴンと戦う決意をした。そして精鋭部隊を率いてドラゴンのいる洞窟に向かった。ドラゴンとの壮絶な戦いで、ドラゴンのあまりの恐ろしさに兵士たちはおびえ、勇敢な若き戦士を除いて全員逃げてしまった。
　ベーオウルフは残った若き戦士とドラゴンに立ち向かうが、ドラゴンの炎に焼かれ鋭い牙でかみつかれ、ドラゴンもベーオウルフの剣で深手を負いながらも戦いは続いた。そのとき、若き戦士の剣がドラゴンの柔らかい腹部を突き刺すとドラゴンの動きが止まったので、「今だ！」と思ったベーオウルフは最後の力を振り絞り、短剣でドラゴンの体を引き裂きとどめを刺した。しかし、ベーオウルフも全身に大やけどを負い、ドラゴンの毒が体中に回って息を引き取った。

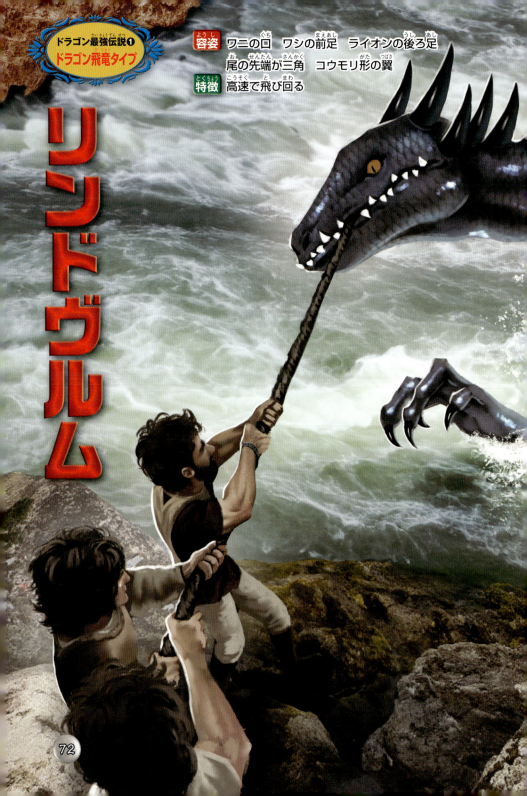

ドラゴン最強伝説①
ドラゴン飛竜タイプ

容姿 ワニの口　ワシの前足　ライオンの後ろ足
尾の先端が三角　コウモリ形の翼
特徴 高速で飛び回る

リンドヴルム

✦ あちこちに存在するリンドヴルム

　リンドヴルムはドイツ語で「飛竜」「翼のあるドラゴン」という意味で1匹を指すものではなく空を飛ぶドラゴンの総称であり、ヨーロッパのあちこちに存在する。
　リンドヴルムを退治しようとする者もたくさん現れたがリンドヴルムには強烈な毒があり、尾の先で刺されて死んだ者や、リンドヴルムを退治したにもかかわらず、返り血に含まれる毒を浴びて死んでしまった者もいるという。さらに、ある地区の川に棲むリンドヴルムは川沿いを歩く旅人を襲っていた。そこで、リンドヴルムを退治するために懸賞がかけられたのであった。すると数人の若者たちが雄牛を鎖につなぎ、川に入れた。その雄牛をリンドヴルムがのみ込んだ瞬間に釣り上げ、全員が力を合わせて殺したという伝承もある。

ドラゴン最強伝説❶ ドラゴン

|容姿|黒く長い舌　長い尾　背中のトゲのようなイボ|
|特徴|姿を消すことができる|

ロングウィットンの竜

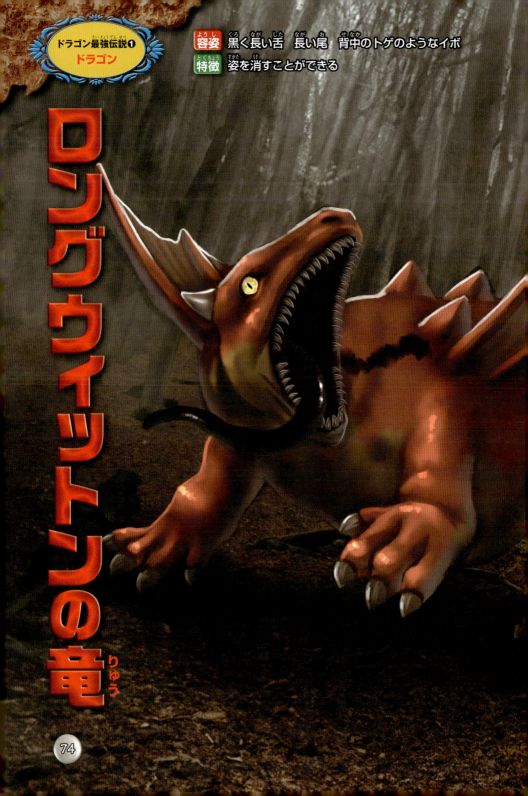

74

不死身のドラゴンを退治した騎士

　ロングウィットンの森に棲んでいたドラゴンは、どんな病気も治す魔法の井戸を独占してしまった。困った住人たちは、通りかかった騎士にドラゴンを退治してほしいとお願いした。
　騎士はドラゴンが姿を消す能力があると聞くと、魔法の軟膏を目に塗ってドラゴンが姿を消している井戸に向かった。姿を消しているドラゴンだが、騎士にはその姿が見えていたので、襲いかかってくるドラゴンの姿を捉えて攻撃した。しかし、何度ドラゴンを傷つけてもすぐに回復するのだ。ドラゴンが不死身の理由は尾を魔法の井戸に浸しているからだと気がついた騎士は、ドラゴンが井戸から離れるように仕向け、ドラゴンの尾が井戸から離れたときに攻撃して、ついにドラゴンを退治したのだった。

名前のないドラゴン

ドラゴンには固有の名前のないドラゴンも多い。特にドラゴン／ドラゴン飛竜タイプに見られる。不死身のジークフリートのドラゴン（30ページ）、聖ゲオルギウスのドラゴン（64ページ）、ベーオウルフのドラゴン（68ページ）などだ。これらのドラゴンの名前の前についているのは、このドラゴンを退治したり、捕らえたりした勇者や聖人の名前である。恐ろしく暴れるドラゴンに、人々は名前をつけようと思わなかったのであろうか…。または、最強のドラゴンを倒した英雄や聖人の名前を言い伝えるためにつけたのかもしれない。

ドラゴンが棲みついたり現れたりした場所の名前がついているドラゴンもいる。ピラトゥス山のドラゴン（38ページ）、カシャフ川のドラゴン（46ページ）、ロングウィットンの竜（74ページ）などである。これは、地元の人たちが単にドラゴンと呼んでいたのを、後にその場所に現れたという理由で、ドラゴンの前に地名がつけられたと考えられる。

また、リンドヴルム（72ページ）などは、ドイツ語で「飛竜」「翼のあるドラゴン」という意味で、1匹を指すのではなく空を飛ぶドラゴンの総称で、ヨーロッパのあちこちに存在する。エレンスゲ（163ページ）は、固有の名前ではないかと思われるが、実はエレンスゲとは単体の名前ではなく「ドラゴン」という意味である。

第2章
ドラゴン最強伝説②
ドラゴン蛇タイプ

レヴィアタン、ヒュドラーなど
18話

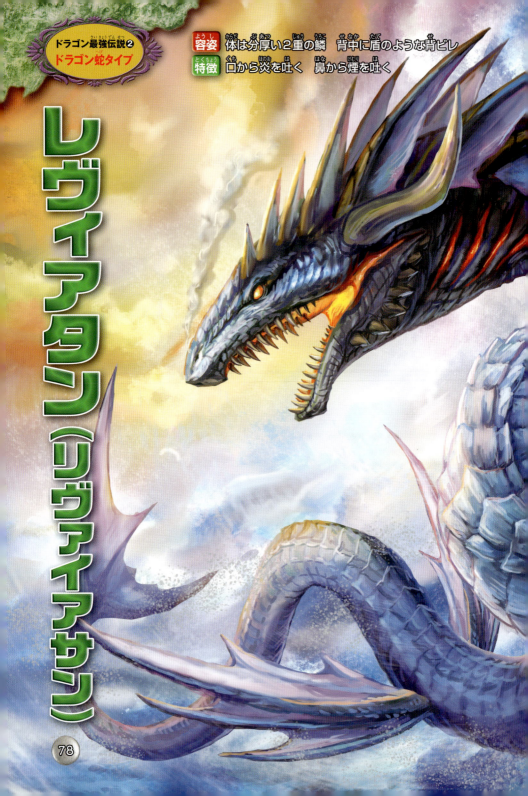

ドラゴン最強伝説❷
ドラゴン蛇タイプ

|容姿|体は分厚い2重の鱗　背中に盾のような背ビレ|
|特徴|口から炎を吐く　鼻から煙を吐く|

レヴィアタン（リヴァイアサン）

✦ 神が創造した巨大ドラゴン

　レヴィアタン（英名リヴァイアサン）は海に棲むドラゴンだ。「トグロを巻いたもの」「曲がりくねる蛇」「海にいる竜」などといわれる。体は分厚い２重の鱗で覆われ、背中には盾のような背ビレが隙間なく連なり、腹の鱗も陶器の破片を並べたかのようで、その硬さはどんな武器も歯が立たない。また、両目は光を放ち、鋭い歯が並ぶ口からは炎を吐き、鼻からは煙を吐く。

　さらに身動きするだけで海が湧き立つように荒れ狂い、通った後には光の道ができるという。その大きさは体長が５キロメートルの魚でも簡単に丸のみし、高速で泳ぐレヴィアタンが通りすぎるまで３日もかかるという巨大さだ。レヴィアタンは神につくられた存在ではあるが、邪悪で人々を苦しめるために後には神の敵とされるのである。

ドラゴン最強伝説❷
レヴィアタン（リヴァイアサン）

さまざまな神話や伝承に登場するレヴィアタン

　レヴィアタンは古い時代からさまざまな姿で伝えられている。最も古い伝承によると、元の名前はリタン（ロタン）、またはシャーリートと呼ばれていたという。このドラゴンは7つの頭を持つ多頭竜で、太陽や月を食い荒らして日食や月食を起こしたという。

　強大で恐ろしいドラゴンではあったが豊穣の神バールによって倒された。また、その後の伝承では、神が最初に雌雄のレヴィアタンを創造したが、レヴィアタンのあまりの強大さから、その子孫が繁殖すると世界がレヴィアタンに支配されると考え、その一方を殺してしまったという。さらに、ベヒーモスとセットで語られることもある。ベヒーモスはカバに似た姿をした暴れ者である。レヴィアタンが海を、ベヒーモスが陸を支配したといわれている。

ドラゴン最強伝説❷ ドラゴン蛇タイプ

- 容姿 巨大な海蛇
- 特徴 嵐の神と戦う

竜神イルルヤンカシュと嵐神プルリヤシュの伝承

　嵐神プルリヤシュにとって竜神イルルヤンカシュは強敵だ。まともに戦っても勝てないので風や大気の神である女神イナラシュの力を借りた。それは「竜神に捧げる儀式」をして、竜神イルルヤンカシュを酒で酔わせる作戦だった。

　嵐神は酒を用意して、女神は装飾品を身につけ準備をした。ただ、酔わせた竜神イルルヤンカシュを縄で縛りつけるのは人間でなければならなかった。そこで女神は屈強な男性の人間にその役を頼んだ。やがて、酒の香りと女神の声に誘い出された竜神イルルヤンカシュが現れると、酒とごちそうを平らげ、計画通りに泥酔してしまった。竜神イルルヤンカシュは人間の手で縛られ、この機会を待っていた嵐神プルリヤシュが現れ竜神イルルヤンカシュの命を奪った。

イルルヤンカシュ（ルヤンカス）

ドラゴン最強伝説❷
イルルヤンカシュ
（ルヤンカス）

✵ もうひとつのイルルヤンカシュと 嵐神プルリヤシュの伝承

　別の伝承もある。嵐神プルリヤシュは、竜神イルルヤンカシュとの戦いで敗れ、心臓と目を奪われてしまった。心臓と目を取り返して元の姿になるために、嵐神プルリヤシュはある案を考えた。自分の息子を竜神イルルヤンカシュの娘に婿入りさせ、息子に妻の家に行ったら心臓と目のありかを聞き出すように命じたのだ。
　ありかを聞き出した息子は、妻から心臓と目を手渡され、思惑通り嵐神プルリヤシュは元通りになった。嵐神プルリヤシュは、息子と共に竜神イルルヤンカシュを倒そうしたが、息子は「妻を捨てることはできない。」と言い、「我を助けるな。」と嵐神プルリヤシュのいる天に向かって叫んだ。嵐神プルリヤシュは、息子ごと竜神イルルヤンカシュを殺したという。

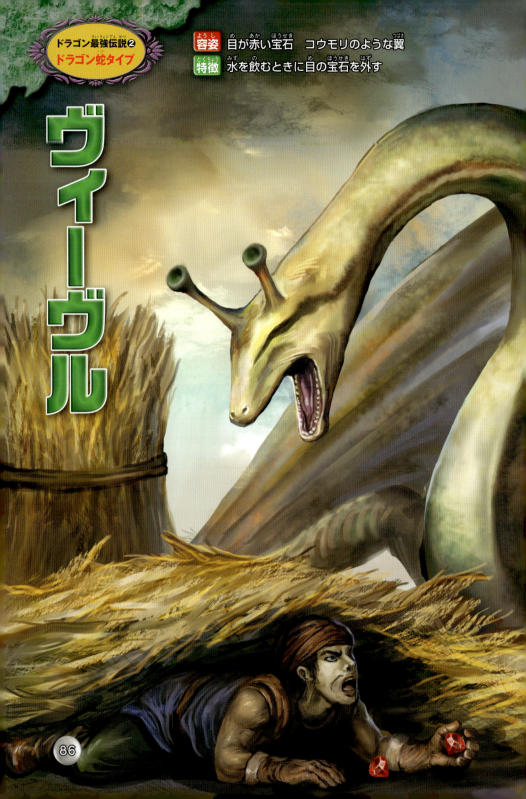

ヴィーヴルの宝石を奪う方法

　ヴィーヴルの赤い目玉は宝石でできていて、水を飲むとき宝石を外して地面に置くので、そのスキに宝石を手に入れると大金持ちになり、幸せになれるという。

　宝石を盗もうとする人間はそのチャンスをひたすら待つのである。そして、うまく盗んだらその後に逃げきる方法があるという。盗む前に隠れる場所の準備をする。まずは9つの干し草をたてに積み上げる。そして宝石を盗んだら一目散に逃げ、干し草の一番下に潜り込むのである。ヴィーヴルは上から順に干し草を食べていくのだが、8つ目までしか食べることができず、9つ目の干し草を食べ始めると、腹が破裂して死んでしまうというのである。しかし、実際には宝石を外したヴィーヴルを見た者はいないというから、成功した者はいないかもしれない。

ドラゴン最強伝説❷ ヴィーヴル

✦ 精霊ヴィーヴル

　ヴィーヴルという名の精霊がいる。森の奥に棲み、その姿は上半身が人間の美しい女性だが背中にコウモリの翼が生えていて、足はワシのようであり、毒蛇の長い尾を持っているという。ドラゴンのヴィーヴルは目が宝石だが、精霊ヴィーヴルは額に宝石がはめ込まれている。
　精霊ヴィーヴルはこの宝石の力で魔法を使うことができたが、ときには、取り外して洞窟に隠すこともあるという。人間にとってはこの宝石を手に入れると災いを防ぎ幸運を呼ぶという言い伝えがあり、その宝石を狙うものが多かった。さらにヴィーヴルはその宝石を手に入れた者の言う通りにしなければならないのだ。ある日、その宝石を手に入れた人間の男はヴィーヴルを妻にしたが、宝石を取り返したヴィーヴルは精霊の姿になって飛び去っていったという。

黄金のリンゴを守るドラゴン

最高神ゼウスの宝物「黄金のリンゴの樹」を守っている。黄金のリンゴの樹の世話をしているのは、天空を支える神アトラスの7人の娘たちヘスペリスだ。ゼウスは7人のヘスペリスたちとラードーンに、宝を奪おうとする者から黄金のリンゴを守るように命じた。ラードーンの守りは堅かったが、2度ほど黄金のリンゴを盗まれている。1度は、不和と争いの女神エリスがヘスペリスたちやラードーンを出し抜いて手に入れたというが、その方法の記録はない。もう1度は英雄ヘラクレスだ。さすがのヘラクレスもラードーンにはかなわないので、天空を支える神アトラスに頼んで黄金のリンゴを手に入れたという説と、ヘラクレスがラードーンを倒して手に入れたという説だが、倒す様子を伝えるものは何も残されていないという。

ドラゴン最強伝説②
ドラゴン蛇タイプ

容姿 コブラのような牙　まだら模様の体
特徴 太陽神ラーに恨みを持つ

アポピス（アペプ）

太陽神ラーと アポピスの戦い

古代エジプトの太陽神ラーは夜明けに船出をして、大空から光や熱を降り注ぎ生命を育み、夕暮れには死者の魂を船に乗せ天国へ向かうとされていた。一方、アポピスは世界創造以前から存在し、闇の世界に棲むといわれ、太陽神に特別な恨みを持っていた。

アポピスは太陽神ラーの航海中に毒牙で倒そうとするが、太陽神ラーもモリで反撃し、両者は毎回激しい戦いを繰り広げるのだが、この戦いの決着は、ほとんど太陽神ラーがアポピスの体にモリを突き刺して行動不能にして終わるのだ。太陽神ラーはアポピスの腹を切り裂き、その腹の中で戦いに疲れた体を休めるのであった。やがて時がたち、太陽神ラーがアポピスの腹から出てくると、不死身のアポピスも同時に復活し、戦いが再び始まるのである。

ドラゴン最強伝説❷
アポピス
（アペプ）

 永遠に繰り返されるアポピスとラーの戦い

　古代エジプト人はアポピスと太陽神ラーが戦っているときを昼、アポピスの腹で太陽神ラーが休んでいるときを夜と考えた。そして日の出は太陽神ラーが戦いを始める合図で、太陽神ラーが苦戦すると天気が荒れると考えたのである。太陽神ラーも破れることがあり、アポピスにのみ込まれると日食が発生するというのであった。
　古代エジプト人は、死んだ人の魂は太陽神ラーの船で天国に旅立つと信じていて、太陽神ラーがアポピスに破れると死者は天国に行くことができないと考えていた。夜になると死者たちはアポピスにのみ込まれ、冷たく暗い腹の中で想像を超えた苦痛を味わうのだった。しかし、昼になるとアポピスの力が弱まるので、死者たちはアポピスの腹を破って外に出るという。このできごとは永遠に繰り返される。

ドラゴン最強伝説❷ ドラゴン蛇タイプ

容姿 体の両端に頭がある
特徴 猛毒を持つ

アンフィスバエナ（アムピスバイナ）

✶ メデューサの血から生まれたアンフィスバエナ

　ヨーロッパの伝説に登場し、リビアの砂漠に棲むこの恐ろしい毒蛇は、ヘラクレスに退治されたメデューサの血が大地に滴り落ちて生まれたといわれている。また、神話の世界では「蟻の母」ともいわれ、両方の口で蟻を食べる蛇として描かれている。古くは猛毒を持ち、前後に頭を持つ蛇として描かれていたアンフィスバエナだが中世以降になると、鱗に覆われた足と、コウモリのような翼があり、尾にも頭があり2つの頭を持つドラゴンとして描かれるようになってきた。
　その恐ろしさから、自分の力を誇示するための紋章としてヨーロッパで多く使われ、その絵柄は尾の先にもうひとつの頭がついたドラゴンとして描かれるようになった。弱点は体の大きさが1メートルほどなので、毒の届かない距離から長い棒で叩き殺されるという点である。

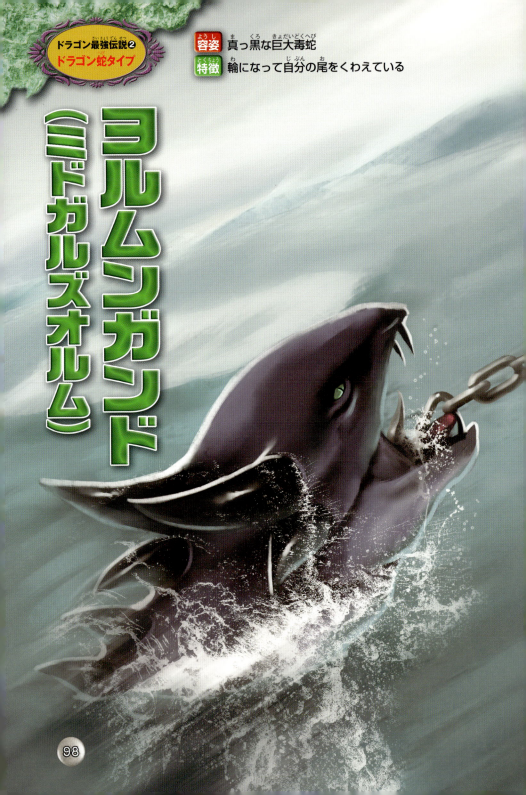

ドラゴン最強伝説②
ドラゴン蛇タイプ

容姿 真っ黒な巨大毒蛇
特徴 輪になって自分の尾をくわえている

ヨルムンガンド（ミドガルズオルム）

✦ ヨルムンガンド VS 雷神トール

　ヨルムンガンドは神により氷の海に捨てられたドラゴンで、神々が恐れるまでに最大、最強のドラゴンに成長した。対抗できる神は雷神トールだけであった。神々のために雷神トールは、海底深くからヨルムンガンドを引きずり上げ、その頭を潰してしまおうと考えた。

　雷神トールは巨人の従者を連れて、ヨルムンガンドの頭がある辺りで釣りを始めた。釣り糸は鎖で、釣り針は船の錨、餌は雄牛の頭だ。計画通りヨルムンガンドがかかったので、雷神トールは力いっぱい引き上げるが、ヨルムンガンドも重く力強い。やがて、ヨルムンガンドの頭が海上に現れた。雷神トールは自慢のハンマーでその頭を一撃しようとしたとき、ヨルムンガンドに怯えた従者が鎖を大ばさみで切ったので、再びヨルムンガンドは海底に潜ってしまった。

✦ ヨルムンガンドとの最後の決戦

　北欧神話では世界の終末が必ずくると信じられていた。その終末はラグナロク（神々の滅亡）と呼ばれる。そのときこそ地獄から這い出した悪霊たちと神々との最後の戦いである。ヨルムンガンドもくわえていた尾を離し、海底からその姿を現して洪水や毒の息で人間や神々を苦しめ始めた。
　ついに雷神トールとの最後の決戦が始まった。雷神トールの持つ北欧神話最強の武器ともいわれるハンマー攻撃と、ヨルムンガンドの締めつけと毒の息の攻撃。そして長い戦いの末、ついに雷神トールのハンマーでヨルムンガンドの頭は叩き潰されたのだった。しかし、ヨルムンガンドの吐く毒を受け続けていた雷神トールも9歩退いてから倒れ込み、そのまま息を引き取ってしまったという。

ドラゴン最強伝説②
ドラゴン蛇タイプ

容姿 全身淡い黒色 俵のように太い胴体に細い頭と尾と翼がある

特徴 凄まじい悪臭を放つ

ラプシヌプルクル

悪臭で殺すドラゴン

　ラプシヌプルクルは北海道のアイヌの伝説に登場するドラゴンで「翼の生えた魔力のある神」という意味を持つ。鼻先が大工道具のノミのように尖っていて、そのノミのような鼻先は木を切り倒すほど鋭い。最大の攻撃力は凄まじい悪臭で、生き物は全て死ぬという。通った後を歩くだけで皮膚が腫れるともいわれる。
　夏のような暑い時期に活発に動き、寒いと動きが鈍くなるので、アイヌの人々は夏場や火のそばにいるときは、ラプシヌプルクルの名前を呼ばないようにしていたのである。このドラゴンはほかにも多くの名前がありアイヌの人々にはよく知られたドラゴンだ。また、からかわれると怒って追いかけてくるので、アイヌの神がからかっておびき出し、地獄に突き落としたという伝承もある。

水晶の心臓を持つドラゴン

ウンセギラはネイティブアメリカンの伝承に登場するドラゴンだ。ウンセギラは海に棲んでいるが、大洪水を起こして川の水を塩水に変えて人間が使えないようにしていた。

そこで二人の若者がウンセギラを退治することにした。二人はまずウンセギラの弱点を研究。弱点はウンセギラの頭から下に向かって7番目のポイントを攻撃することだった。それから若者たちは、ウンセギラの動きを鈍くする呪文を覚えた。

ウンセギラは二人を見ると水の中から頭を持ち上げて向かってきた。一人が呪文を唱え、動きが鈍くなったところで、もう一人が弱点であるポイントを撃って退治した。ウンセギラの水晶の心臓を手に入れた若者たちは、神の声を聞く予言の力を手に入れたという。

ドラゴン最強伝説 ❷ ドラゴン蛇タイプ

容姿	頭が1つで体が2つ
特徴	天変地異の前触れを知らせてくれる

肥遺(ひい)

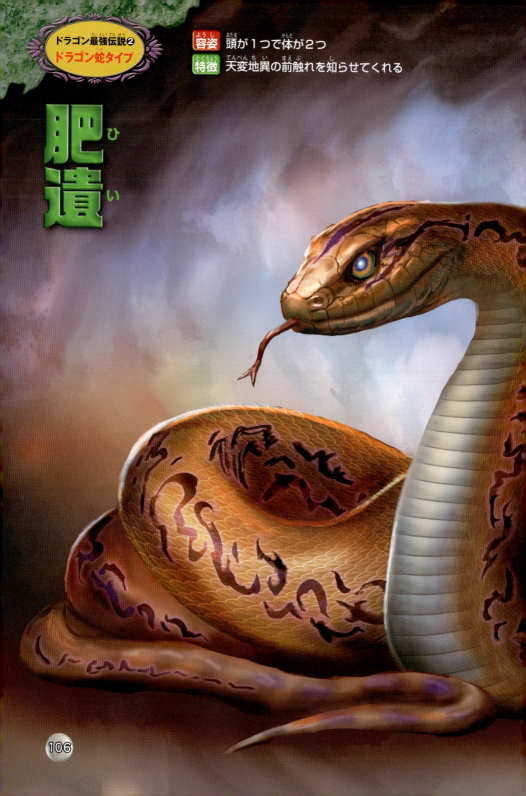

2つの体を持つドラゴン

　肥遺は中国の地理や生物を集めた「山海経」という本に紹介されている不思議な蛇だ。西洋のドラゴンに複数の頭を持つ多頭ドラゴンの伝説は存在するが、この肥遺の場合は逆で頭が1つで体が2つになっている。休むときは左右に体を置きそれぞれでトグロを巻き、進むときは同じ方向に体を合わせ2倍のスピードで進むのかも……。
　ふだんは池や川に潜み魚を食べるので、あまり人目に触れることはないという。しかし、この肥遺が現れると近いうちに干ばつがやってくるといわれ、これは縁起の良い生き物ではないと解釈するものと、天変地異の前触れを知らせてくれるありがたい生き物と解釈するものがいる。どちらの解釈にしても確実に干ばつが起きるのである。肥遺は一地方だけではなく、中国の各地に生息するといわれている。

ドラゴン最強伝説❷
ドラゴン蛇タイプ

容姿 蛇の姿

特徴 猛毒を持つ　かまなくても視線を合わせるだけで
相手が毒で死ぬ

にらみつけただけで相手を眠らせる

アスプ（アスピス）

復讐心の強いエジプトのアスプ

　アスプは中世ヨーロッパに伝わる、耳をふさいで音楽を聴かないドラゴンとして有名だ。しかし、エジプトにもいた。こちらは蛇の姿だが動きが俊敏。空を飛んでいるかのように自在に動けたという。
　このアスプは常にオスとメスがつがいで行動していて、どちらかが殺されると、残されたほうのアスプは殺した相手がどんな場所にいようとも追いかけて復讐した。その追撃をかわすには川の中に逃げ込むか、アスプ以上のスピードで逃げるしかないという。弱点は、エジプト人に知られている「蛇を自在に操る呪文」だ。アスプはエジプト人に操られないように、呪文が聞こえると片方の耳を地面に当て、もう片方の耳を尾でふさいで呪文を聞かないようにするのだという。このポーズはまさに中世ヨーロッパのアスプの場合と同じである。

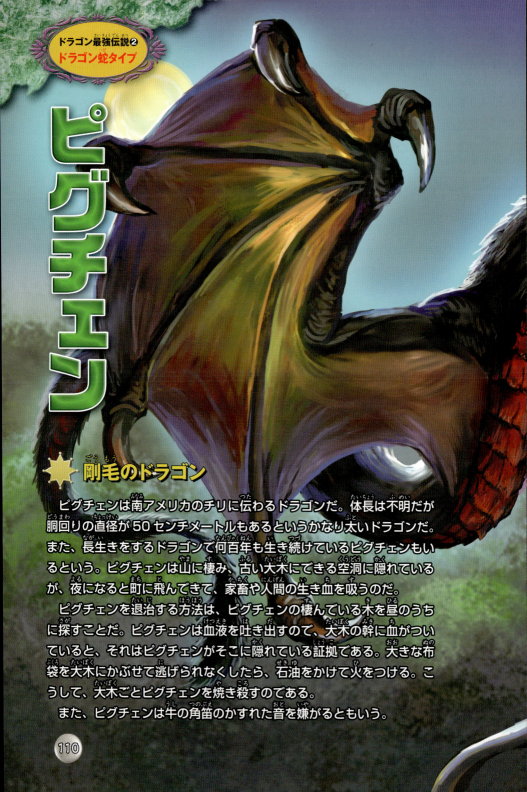

ドラゴン最強伝説❷ ドラゴン蛇タイプ

ピグチェン

✦ 剛毛のドラゴン

　ピグチェンは南アメリカのチリに伝わるドラゴンだ。体長は不明だが胴回りの直径が50センチメートルもあるというかなり太いドラゴンだ。また、長生きをするドラゴンで何百年も生き続けているピグチェンもいるという。ピグチェンは山に棲み、古い大木にできる空洞に隠れているが、夜になると町に飛んできて、家畜や人間の生き血を吸うのだ。
　ピグチェンを退治する方法は、ピグチェンの棲んでいる木を昼のうちに探すことだ。ピグチェンは血液を吐き出すので、大木の幹に血がついていると、それはピグチェンがそこに隠れている証拠である。大きな布袋を大木にかぶせて逃げられなくしたら、石油をかけて火をつける。こうして、大木ごとピグチェンを焼き殺すのである。
　また、ピグチェンは牛の角笛のかすれた音を嫌がるともいう。

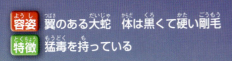

ドラゴン最強伝説❷
ドラゴン蛇タイプ

ヤマタノオロチ（八岐大蛇）

容姿 8つの頭　8本の尾
特徴 生け贄の人間の娘を食べる

☀ ヤマタノオロチの生け贄になる娘

　ヤマタノオロチは日本神話に登場する蛇タイプのドラゴンだ。スサノオノミコト（須佐之男命）とは、天地創造神話が書かれている日本最古の書物「古事記」に登場する神である。スサノオノミコトは、いろいろな悪さをするので天上界の乱暴者として嫌われていて、神々によって神々の住まいである高天原から出雲の国に追放されしまった。

　追放されたスサノオノミコトは肥河に箸が流れているのを見つけ、上流に人が住んでいると思い訪ねたのだった。予想通り屋敷があったが、そこには泣いている老夫婦と娘がいた。泣いている訳を聞くと、ヤマタノオロチという怪物が毎年現れ、8人の娘が一人ずつ生け贄にされていると言うのである。そして今日が8人目の娘クシナダヒメ（櫛名田比売）が生け贄にされる日だった。

ドラゴン最強伝説❷
ヤマタノオロチ
（八岐大蛇）

★ ヤマタノオロチを退治した神

スサノオノミコトは娘を嫁にもらうことを条件にヤマタノオロチ退治を引き受けた。娘を櫛の姿に変えて髪に刺し、老夫婦に8つの門と8つの台を作らせ、その台には強い酒を入れた桶を用意させた。

やがてヤマタノオロチが現れ、強い酒のにおいに引かれて8つの首をそれぞれの門にくぐらせると、一気に酒を飲み干して眠り込んでしまった。そこで、スサノオノミコトは8つの首を剣で切り落とした。さらに体を切り、尾を半分まで切ったときに剣が何かに当たった。尾を切り開くと、不思議な剣が現れたのだ。それは、雨雲を呼ぶ力を持つ雨叢雲剣であった。

スサノオノミコトは、この剣を天上界のアマテラスオオミカミ（天照大御神）に献上して天上界からの追放を許された。

容姿	漆黒の皮膚　黄色い目　白い牙
特徴	神々を凌ぐ力がある

ヴリトラ

★ 雷神インドラに憎悪を持つヴリトラ

インド神話最大の魔物といわれたヴリトラはドラゴンとも巨人ともいわれる。頑丈な皮膚はどんな攻撃も通用せず、神をのみ込めるほどの巨大な体だ。ヴリトラは生まれながらにして神を憎み、特にインド神話の最高神・雷神インドラには強い憎悪を持っていた。

ヴリトラの力は強大で神々を凌ぐほどであり、どんなに好き勝手なことをしても神々もなす術がなかった。ついに、神々はヴリトラに和睦を申し入れた。するとヴリトラは、インドラが自分にひざまずくなら考えるというのである。誇り高きインドラではあったが、まともに戦っても勝てる可能性は低いと思い、ヴリトラに頭を下げた。そして、和睦の条件として神々の世界の半分を与え、ヴリトラを丁重にもてなしたのである。

ドラゴン最強伝説❷
ヴリトラ

☀ 雷神インドラの策略

　しかし、これはヴリトラを油断させるためのインドラの策略であった。さらにインドラは、水の精霊の中で最も美しい女性をヴリトラの妻として差し出したのである。ヴリトラはその女性をとても気に入り、「私の願いは何でも聞き入れてください。」という言葉に簡単に承知してしまった。
　ある日、妻は戒律で飲んではいけないという酒をヴリトラに勧めたのだった。ヴリトラは妻の望みをかなえるためにその酒を飲み干し、やがて酔っ払って寝てしまった。そこに現れたのが雷神インドラだ。インドラは頑丈な皮膚を持つヴリトラの弱点を探していると、ヴリトラが大きな口を開けてあくびをした。インドラはここだとひらめき、金剛杵（ヴァジュラ）という武器で柔らかいのどを貫いて殺したのだった。

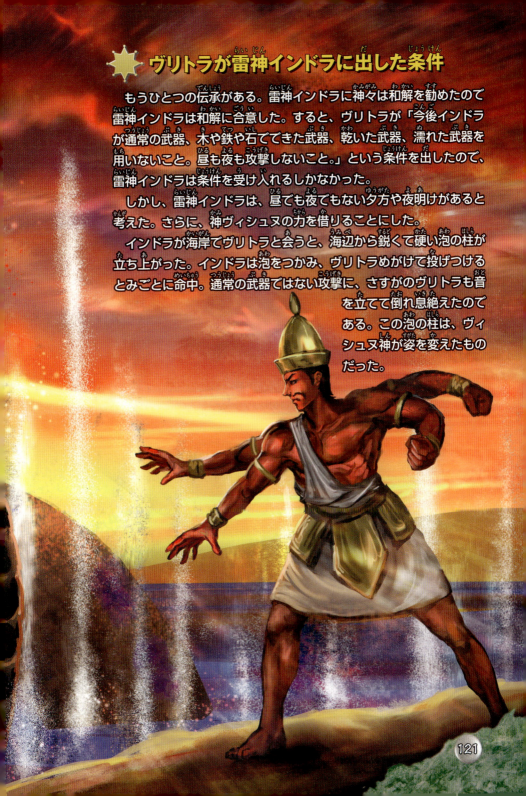

ヴリトラが雷神インドラに出した条件

もうひとつの伝承がある。雷神インドラに神々は和解を勧めたので雷神インドラは和解に合意した。すると、ヴリトラが「今後インドラが通常の武器、木や鉄や石でできた武器、乾いた武器、濡れた武器を用いないこと。昼も夜も攻撃しないこと。」という条件を出したので、雷神インドラは条件を受け入れるしかなかった。

しかし、雷神インドラは、昼でも夜でもない夕方や夜明けがあると考えた。さらに、神ヴィシュヌの力を借りることにした。

インドラが海岸でヴリトラと会うと、海辺から鋭くて硬い泡の柱が立ち上がった。インドラは泡をつかみ、ヴリトラめがけて投げつけるとみごとに命中。通常の武器ではない攻撃に、さすがのヴリトラも音を立てて倒れ息絶えたのである。この泡の柱は、ヴィシュヌ神が姿を変えたものだった。

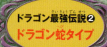
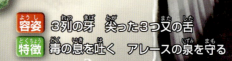

ドラゴン最強伝説❷
ドラゴン蛇タイプ

| 容姿 | 3列の牙　尖った3つ又の舌 |
| 特徴 | 毒の息を吐く　アレースの泉を守る |

カドモスのドラゴン（アレースの大蛇）

ドラゴンを倒した勇者カドモス

　カドモスはフェニキアのテュロス国の王子だったが、神のお告げを受け丘の上に新たな国を建てることにした。丘にたどり着いたカドモスは従者に水を汲みに行かせた。従者たちは深い森で泉を見つけたが、そこはドラゴンが守っているアレースの泉であった。従者たちが泉に近づくと泉の中からドラゴンが現れ、従者たちを牙で食いちぎったり、長い体で締めつけたり、毒の息で皆殺しにした。
　カドモスが戻ってこない従者たちを探しに泉に行くと、殺された従者たちのそばに巨大なドラゴンがいた。ドラゴンがカドモスにも襲いかかってきたので、カドモスはドラゴンに大岩を投げつけたりして戦い続け、ついには口に槍を突き入れ、後ろの木に串刺しにして倒した。

ドラゴンの牙から生まれた戦士

　ドラゴンを倒し疲れ果てたカドモスは、一緒に国を造ろうとした従者を失ったことで気力を失いかけていた。そこに現れたのは知恵と戦いの女神アテナだった。女神アテナはドラゴンの牙を抜き、大地を耕してそこに牙を蒔くように告げた。

　カドモスはこの言葉に従いドラゴンの牙を地面に蒔くと、するとそこから槍や剣と盾を持ち鎧で武装した戦士たちが続々と現れてきた。驚くカドモスの前で戦士たちは互いに戦い始め、長い戦いの末、5人の戦士が生き残った。このドラゴンの牙から生まれた戦士は「蒔かれたもの」という意味のスパルトイと呼ばれた。優れた戦士である5人はカドモスの前にひざまずき、従者になることを誓った。カドモスは彼らと一緒にテーバイという国を建て、後々まで繁栄した。

ドラゴン最強伝説❷ ドラゴン蛇タイプ

容姿	巨大な胴体	9本の首
特徴	猛毒を持つ	再生能力がある

ヒュドラー（ヒュドラ）

英雄ヘラクレスとヒュドラー

　ヒュドラーはギリシャ神話の英雄ヘラクレスと戦ったドラゴンだ。ヒュドラーは棲み家である沼の名前から、レルネーのヒュドラーとも呼ばれた。ヒュドラーの父はギリシャ神話の神テュポンであり、母は数多くの怪物たちを産んでいるエキドナというエリート級のドラゴンだ。
　9本の首（描かれている絵によっては5本から100本）を持つ巨大な蛇で、そのうちの8本の首は切り落とされても、それぞれの首から新たな首が2本生えてくる。しかも真ん中の首は不死身であった。つまり切り落とすごとに首の数が増えていくのである。さらに内蔵で作り出される猛毒は、吸ったり触れたものの全ての生き物の命を奪うのであった。一方ヘラクレスはギリシャ神話の中でも特に有名な英雄で、12の困難な試練を乗り越えた伝説がある。

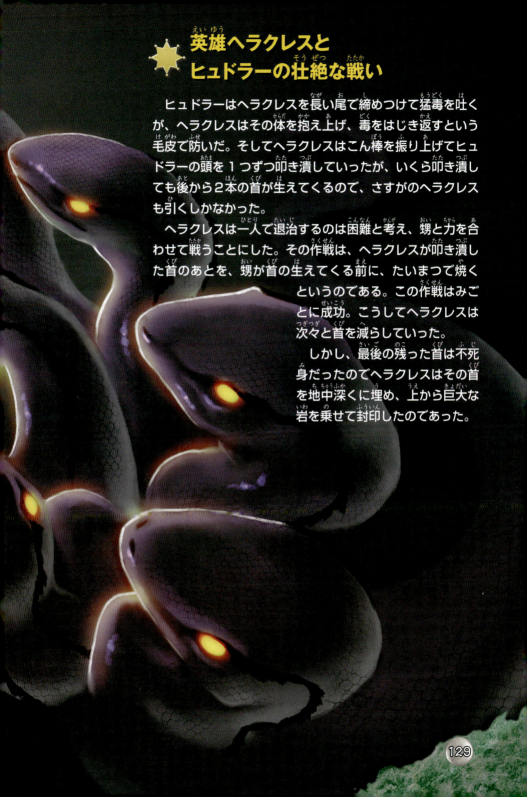

英雄ヘラクレスとヒュドラーの壮絶な戦い

ヒュドラーはヘラクレスを長い尾で締めつけて猛毒を吐くが、ヘラクレスはその体を抱え上げ、毒をはじき返すという毛皮で防いだ。そしてヘラクレスはこん棒を振り上げてヒュドラーの頭を1つずつ叩き潰していったが、いくら叩き潰しても後から2本の首が生えてくるので、さすがのヘラクレスも引くしかなかった。

ヘラクレスは一人で退治するのは困難と考え、甥と力を合わせて戦うことにした。その作戦は、ヘラクレスが叩き潰した首のあとを、甥が首の生えてくる前に、たいまつで焼くというのである。この作戦はみごとに成功。こうしてヘラクレスは次々と首を減らしていった。

しかし、最後の残った首は不死身だったのでヘラクレスはその首を地中深くに埋め、上から巨大な岩を乗せて封印したのであった。

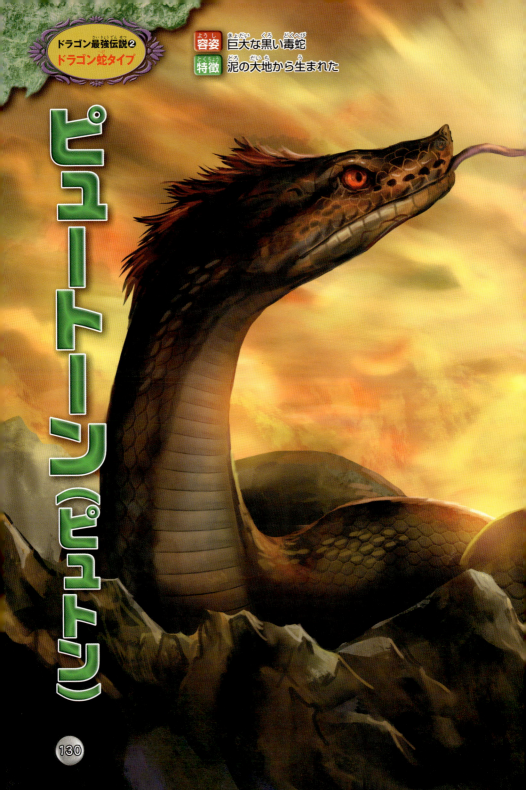

ドラゴン最強伝説❷
ドラゴン蛇タイプ

容姿 巨大な黒い毒蛇
特徴 泥の大地から生まれた

ピュートーン（ピュトン）

130

大地から生まれたドラゴン

　ギリシャ神話によると、ある時期、神々が敵対する巨人たちを懲らしめるために大洪水を起こし全てを滅亡させたという。そして洪水が引いた後、神は人類の祖先となる男女をつくり、そのほかの生き物は太陽に温められた泥の大地から生まれたという。さらに大地の女神ガイアは、このときピュートーンという恐ろしく大きな大蛇をも生み出してしまったのである。
　ギリシャ北部に神がお告げをする場所とされる「神託所」があり、大地の女神ガイアはここをピュートーンに支配させた。そこでピュートーンは生け贄と引き換えにガイアのお告げ（予言）を人々に与えていたのだった。そんなある日、ガイアから「次に生まれる最高神ゼウスの息子がピュートーンの命を奪う。」と告げられた。

★太陽神アポロンに退治されたドラコン

　驚いたピュートーンは、その子どもが生まれる前に母親もろとも食い殺そうと考えたが、母親を取り逃がしてしまったのである。ピュートーンから逃れた母親は、ある島で双子の兄妹アポロンとアルテミスを出産した。父ゼウスは予言の力をアポロンに与えたのである。
　ピュートーンは今アポロンを殺さなければ自分の命が危ないと思っていたときに、アポロンが現れた。ところが、目の前に立っていたのは、弓矢こそ持っていたが、まだ赤ちゃんだった。拍子抜けしたピュートーンは、こんな赤ちゃんならひとかじりで、すぐ殺せると油断してしまった。そのとき、アポロンから放たれた矢がピュートーンの体を貫いたのであった。ガイアの予言通りピュートーンは命を落とし、このときからアポロンは神託所の支配者となった。

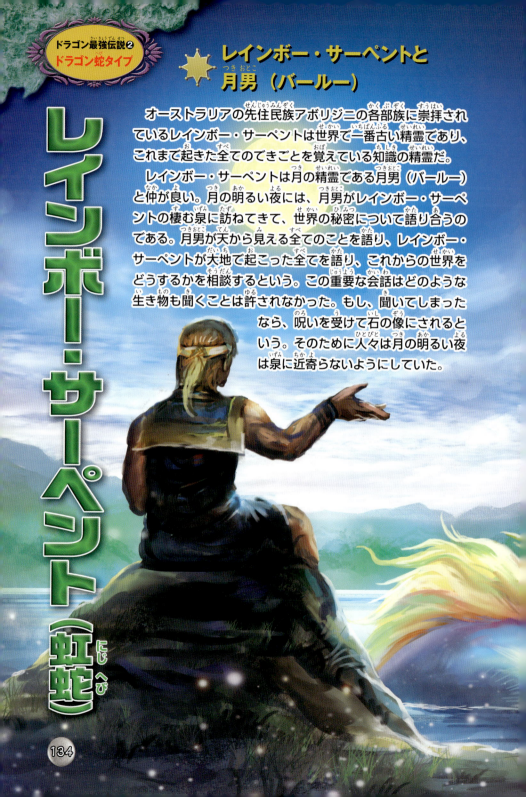

ドラゴン最強伝説❷ ドラゴン蛇タイプ

★ レインボー・サーペントと月男(バールー)

オーストラリアの先住民族アボリジニの各部族に崇拝されているレインボー・サーペントは世界で一番古い精霊であり、これまで起きた全てのできごとを覚えている知識の精霊だ。

レインボー・サーペントは月の精霊である月男(バールー)と仲が良い。月の明るい夜には、月男がレインボー・サーペントの棲む泉に訪ねてきて、世界の秘密について語り合うのである。月男が天から見える全てのことを語り、レインボー・サーペントが大地で起こった全てを語り、これからの世界をどうするかを相談するという。この重要な会話はどのような生き物も聞くことは許されなかった。もし、聞いてしまったなら、呪いを受けて石の像にされるという。そのために人々は月の明るい夜は泉に近寄らないようにしていた。

レインボー・サーペント(虹蛇)

134

世界中に存在する虹のドラゴン

　虹がドラゴンに関連づけられる神話は、オーストラリアだけではなく世界中に存在する。中国の虹蜺（214ページ）のほか、アフリカ大陸にも数多くの虹蛇が神とされている。ベナンでは創造の女神とその夫が天空に棲む蛇の神であり、妻は虹の化身であるとされている。

　また、オーストラリアのレインボー・サーペントには人間をはじめ地上のさまざまな生き物を生み出したという伝承も数多くある。アボリジニのある部族に伝わる話で、ある漁師たちがレインボー・サーペントの卵を発見した。その卵はとても大きくて、おいしそうに思えた漁師たちは茹でて食べようとしたとき、突然卵がはじけ、ものすごい勢いで大洪水が起こったという。まさにレインボー・サーペントの怒りをかってしまったのである。

変わった攻撃能力

　ドラゴンの強力な武器といえば、口から炎や毒を吐くことだ。
　珍しいドラゴンもいる。口から炎や毒ではなく氷を吐くのだ。それは、ヨーロッパのアイルランドに伝わる「ケルトのスノードラゴン」である。
　ケルト神話によると、敵対する2つの王国それぞれに豚飼いが仕えていたという。実はこの豚飼いは強力な魔法使いで、どんなものにも変身できたという。ある日、豚飼いの二人はドラゴンに変身して、お互いに氷や雪を口から吐き出して戦った というのだ。それは強烈な戦いであったようで、気がつくと2つの国が雪に埋もれてしまったという。
　ほかにも、黙示録の赤い竜（155ページ）のように口から悪霊を呼び出し、大量に水を吐き出すドラゴンもいる。さらに強力なドラゴンにペルーダ（202ページ）がいる。口から炎、毒だけでなく、水も吐くという何でもありのドラゴンだ。
　いずれにしてもドラゴンは、口から何かを吐き出すという特殊能力があるということである。

第3章 ドラゴン解剖図鑑

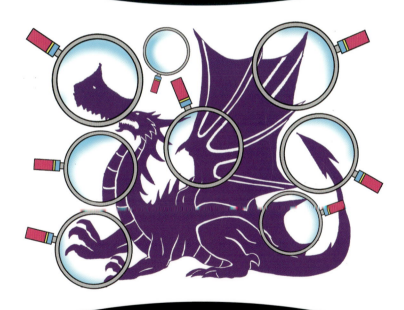

ドラゴンを多方面から分析、
ドラゴンのことがよくわかる
ドラゴンなんでも解説コーナー

西洋のドラゴン

西洋のドラゴンは、獲物を捕らえたり、戦いに勝ち抜くために、全身を硬い鱗で覆い、毒を吐き、牙や爪などを鋭く進化させた。

トゲ 背中には大きく発達した骨の突起がある。このトゲは筋肉の動きに合わせて自由に動くので、武器としてではなく敵の攻撃を防ぐことにも役立つ。

角 大きく発達した硬い骨の突起で、攻撃するときの武器として有効だ。

目 目の形はトカゲのような爬虫類の目であったり、大きな丸い目であったりさまざまだ。洞窟などに棲んでいて、闇夜でも行動するので、暗闇でもよく見える目を持っていると思われる。

歯 鋭く尖っていて、肉を切り裂く。中には大きく発達した牙を持つものもいる。

尾 筋肉が詰まっていて太くて柔軟なので強力な武器になる。尾の先には毒針がついている。矢じりのような形をした尾を持つドラゴンも多く、非常に硬い尾で攻撃に有効。

◀矢じりのような形の尾

ウォントリーのドラゴン

イギリスのヨークシャー地方に伝承にするドラゴン。大きな翼と毒針のついた尾が特徴。モア・ホールという騎士に弱点である尻を攻撃され退治された。

翼 4本足のドラゴンの翼は肋骨の数本の骨が発達して傘の骨のように伸びて、それに被膜を張ることでできたという。長い時間をかけて進化してきたのだが、空を自由に飛ぶこともできるが、相手を威嚇するときにも使われる。

皮膚 皮膚は鱗で覆われている。昔、ドラゴンは蛇であったことから、そのまま受け継がれていると思われる。その後、鱗は硬く頑丈になり強力な防御ができるほど進化した。

耳 人間のように外見からはどこにあるかわかりにくいが、蛇のように音を感じる機能が皮膚の下に隠されているようだ。人間が近づいてきたり、獲物が動く音を聞くことができるのはもちろん、さらに数キロメートル先の物音を聞くことができるという。

毒 ドラゴンの吐く毒は、食べたものを原料に内臓で作られ、それがのどの袋にためられているという説と、生まれながら持っている消化液そのものが毒であるという説がある。どちらにしても袋にためた毒を敵に向かって吐きかけたり、息と一緒に外に出すのだ。また、体内の管を通して爪に送った毒で獲物を引っ掻き、猛毒で殺す。

爪 鋭い爪からは毒が出る。

足 体重を支える太い足は発達した筋肉で覆われている。

炎 口から吐く炎は、口の中に火打ち石のような石があり、舌で刺激すると火花が出て、ガス状にした毒に火をつけて吐き出すというもの。のどの奥にあるファイヤーホールから吐き出されるというもの。体内に2種類の液体があり、それを吐き出すときに合わさることで炎になるという科学的なものまで、さまざまだが謎である。

141

ドラゴン（飛竜タイプ）

飛竜タイプは腕の部分が翼になっていて、2本足というのが特徴だが、中には4本足の飛竜もいる。また、足がなくて翼だけのものもいるが、これらをドラゴンの中でも飛竜タイプと呼ぶ。

ワイヴァーン

イギリスの紋章によく見られるヨーロッパのドラゴン。ワニのような顔、コウモリのような翼、ワシのような2本足。トゲのある尾が特徴。

尾

トゲがあり強力な武器になり、毒がある。ドラゴンと同じように飛竜にも矢じりのような形をした尾を持つものもいる。非常に硬い尾で攻撃に有効だが、空を飛ぶときの体のバランスを保つためにドラゴンよりも尾が細いのが特徴だ。

こんな飛竜タイプも…

飛竜で多頭 エレンスゲ（163ページ）

多頭なので飛ぶときの体のバランスがむずかしそうだが、迫力満点の飛行だったと思われる。

トゲ

空を飛ぶために、体を軽くする必要があり、背中のトゲはドラゴンより小さめで、中にはトゲを持っていないものもいる。

翼

飛竜の翼は腕の部分が翼になって発達し、コウモリのような被膜があり、この皮膜を広げることにより、ドラゴンよりも遥かに素早く空を自由に飛ぶことができる。飛竜タイプは大きな体を宙に浮かせるためにこの翼は強力で、飛竜の中には体が輝くほど超高速で飛ぶものもいる。

角

ドラゴンと同じように硬い骨の突起でできているが、多くの飛竜は飛ぶのに有効なように、ドラゴンに比べて小さめで鋭い角を有している。

目

空を飛ぶので、遠くまで見るための視力がよかったと思われる。

嗅覚

空を飛びながら獲物を見つけるので、どんなにおいもかぎわける鋭い嗅覚。

皮膚

皮膚は鱗模様だが、鳥類のような短い毛がびっしり生えていたと思われる。

足

着地をしたときに体重を支えるので強い筋肉で覆われている。

爪

獲物の肉に食い込む鋭い爪。

143

ドラゴン（蛇タイプ）

　ドラゴンはもともと蛇のことであったともいわれ、蛇タイプのドラゴンは多く存在する。陸に棲むタイプ、海に棲む海蛇、川などに棲む水蛇などだ。このタイプは全身が蛇のように鱗に覆われているのが特徴だが、体の色はさまざまだ。

毒 口から大量の毒を吐いたり、鋭い歯や牙に猛毒を持っている。

体 蛇タイプの特徴で全身が鱗で覆われているが、レヴィアタンのように体を守るために2重の鱗で覆ったタイプもいる。また、背中にトゲのような背びれや、ヴィーヴル（86ページ）のように翼を持っているものもいる。

レヴィアタン
（リヴァイアサン）
（78ページ）

こんな蛇タイプも…

アンフィスバエナ
（アムピスバイナ）
（96ページ）

頭が2つある。

2つの口から、大量の毒を出す。

頭がもうひとつの頭にかみついて、輪になって移動することがあるという。

体が前後に切り離されても、自然につながる。

こんな蛇タイプも…

レインボー・サーペント
（虹蛇）（134ページ）

蛇タイプの中では最も美しい容姿で、その名の通り体が虹色の大蛇。全身が虹のように7色に輝く。世界で一番古い精霊といわれている。

ドラゴン（混合タイプ）

いろいろな生き物の外的要素を合わせ持つのが混合タイプだ。混合タイプのドラゴンは、陸上、水中など棲む場所によって姿もさまざまで、陸上ではライオン、熊、蛇、サソリなど、水中ではワニ、魚、カメなどの特徴が体の各部に反映されている異様な姿のドラゴンだ。

混合タイプの代表的なドラゴンには、タラスクス（タラスク）（168ページ）、ペルセウスのドラゴン（172ページ）、ペルーダ（202ページ）、ムシュフシュ（シルシュ）などがいる。変わった混合タイプでは、ヨーロッパのバジリコック、東洋では龍馬など。

姿 哺乳類や鳥類、魚類などは、敵と戦うときに体の一部が強力な武器になる。混合タイプは哺乳類や鳥類、魚類などの強力な体の一部を合体した姿になるので、ドラゴンとは言え異様な姿をしている。

尾 サソリのような尾。尾の毒針で毒を敵の体内に注入。

こんな混合タイプも…

胴体と翼はドラゴン

首から上は雄鶏

バジリコック（コカトリス）

ヨーロッパのドラゴン。ニワトリとドラゴンと蛇が合体。容姿は強そうではないが、相手を見るだけで殺したり、相手を石にしたりする強力な視線を持っている。

足は雄鶏

尾は蛇

ムシュフシュ（シルシュ）

その名は「怒りの毒蛇」「恐ろしい蛇」の意味で、中東のイラクなどに言い伝えられてきたドラゴン。いろいろな神に仕えたといわれている混合タイプドラゴン。

体　体全体が蛇で、鱗がある。

顔　頭も蛇だが、大きな２本の角がある。

足　４本足で、前足がライオン、後ろ足がワシ。

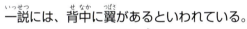
一説には、背中に翼があるといわれている。

龍馬

龍と馬から生まれたドラゴン。千里の道を駆け回り、何と水の上を沈むことなく走り続けるという。背丈は2.8メートルといわれているので大きな龍だ。

- 龍の頭
- 鱗がある
- 体は白く、巨大な馬

147

ドラゴン（多頭タイプ）

牙 鋭い牙は毒液で満たされている。

ドラゴンの仲間には頭部が複数あるドラゴンもいる。多頭である理由がはっきりしているドラゴンもいるが、ほとんどはなぜ多頭になったのか、それが攻撃の力になっているのかはわからない。ただ、数の分だけ迫力が増すことは確かだ。

姿 ドラゴンの多頭タイプの姿は、蛇タイプが多いようだ。俊敏な動きができにくく、エレンスゲ（163ページ）のような飛竜タイプは、空を飛んだときには、体のバランスをとるのがむずかしそうだ。

脳 いくつもの頭の動きを制御する大脳の働きをする器官が体のどこかにあると思われる。

頭の数別ドラゴン

頭が**2**つ	アンフィスバエナ（アムピスバイナ）（96ページ） イツァム・ナー（155ページ）
頭が**3**つ	ゴルィニシチェ（34ページ） アジ・ダハーカ（28ページ）
頭が**5**つ	五頭龍…日本の龍。天変地異を引き起こす力がある。
頭が**7**つ	ムシュマッヘ 黙示録の赤い竜（155ページ） エレンスゲ（163ページ） キリム（182ページ）

五頭龍

キリム

頭 — 多頭ドラゴンの頭の数で最も多いのが1000で、インドに伝わるナーガラージャという蛇族の王たちの中でも最も偉大なシェーシャというドラゴンの王。ただ、多頭で一番手強いのは9本の頭を持つヒュドラーだろう。1本首を切り落とされると傷口から2本の新しい首がすぐに生えてきて、さらに中央にある首は死なないという。

首 — 上下左右自由に速い動きができるので、筋肉が非常に発達している。

ムシュマッヘ

バビロニア（現在のイラク南部）の創世神話に登場する巨大な蛇タイプの多頭ドラゴン。圧倒的な威圧感があり、牙が鋭く、残忍な性格。

頭が8つ	ヤマタノオロチ（八岐大蛇） （112ページ）
頭が9つ	九頭龍（212ページ） ヒュドラー（ヒュドラ）（126ページ）
頭が100	ラードーン（ラドン）（90ページ） テュポーン（188ページ）
頭が1000	シェーシャ …インドのドラゴン。1000の蛇の頭を持つ巨大なコブラで、ひとつひとつの頭に卍の印があり、王冠、花冠、イヤリングをつけている。 

東洋のドラゴン・龍

龍は、翼がなくても空を飛ぶことができ、体を大きくしたり、虫のように小さくしたり自由に姿を変えることができる。姿を消すこともできるという。人間の言葉も理解する。

角
鹿のように枝分かれしていて太い角が2本ある。

目
眼光鋭く、鬼のような目。

口
鋭い牙。龍も西洋のドラゴンのように炎を吐く場合があるという。ただ西洋のドラゴンとは違い、口から気を吐いて炎にするので、炎は湿気を帯びると燃え盛り、乾燥した場所では消えてしまうという不思議なものだ。

爪
中国では皇帝の龍だけが、足に5本爪を持って描かれている。日本の龍は4本だったり3本だったりするが、江戸時代は3本で描かれるのがふつうだったようだ。
（153ページ）

姿
中国では『九似説』という龍の姿のイメージを表す書がある。【角は鹿、頭は駱駝、腹は蜃（蜃気楼を起こす伝説の生物）、目は鬼、耳は牛、うなじは蛇、鱗は鯉、爪は鷹、掌（手のひらのこと）は虎】に似ているという。まさに究極の東洋の合体型ドラゴンだ。

黄龍

最高位の東洋のドラゴン。中国では皇帝の権威の象徴とされる龍。体は黄色、または黄土色や金色。角と歯が白く、耳と口の中が赤く、それ以外は黄色で描かれたりする。

鱗

皮膚は大きな鱗で覆われている。龍の鱗は鯉の鱗のようであるといわれるが、それ以上の輝きと美しさがある。龍の背中には81枚の鱗があり、のどの下には大きな1枚の鱗を中心にして逆向きに生えた49枚の鱗があるいう。この鱗は逆鱗と呼ばれ、龍の急所でもあるといわれている。龍はここを触られると激しく痛むので、怒り狂って触ったものを許さないというのだ。このことから、人の触れてほしくないことをして怒らせてしまうことを「逆鱗に触れる」という。龍はこの逆鱗で大気中の気を感じて飛ぶことができるともいわれている。

伝承

美しい鱗を持つ龍だが、たまに人間の姿になり人間界に現れることがあるという。龍にまつわる伝承のひとつ。あるところに龍の絵だけを描き続ける画家がいて、龍を描かせたらこの人を超える人はいないと言われるほどの名人だった。そんな画家のところに見知らぬ夫婦が訪ねてきて龍の絵を見せてほしいと言う。画家は自慢げに龍の絵を見せたのであった。すると夫婦は「これは龍ではない。やはり龍を見たことがない者には龍の絵は描けない。」と言うのである。さらに「今から天に昇るので、その姿をしっかり見ておくように。」と画家に言うと、急に空が暗くなり雷が鳴り響いた。それから驚く画家が見たのは、2匹の龍が絡み合いながら天へと昇っていく姿であった。その優美な姿と輝く鱗の美しさに、ただただ見ほれる画家であった。

画家は今までの全ての絵を捨てると、記憶に残っているうちに龍の絵を描いたのだった。そして、それ以来、その画家は唯一、本物の龍を描くことのできる画家となったのだった。

151

龍の持つ宝珠と指の数

宝珠を持つ龍〈兵庫県 大避神社の奉納絵巻〉（写真提供／アフロ）

龍の持つ宝珠

　東洋のドラゴンである龍は、片手に大きな玉を握っている。これを宝珠というが、正式名称は「如意宝珠」である。「如意」とは「意のままに」という意味を持ち、「宝珠」は「宝物」を意味する。実はこの如意宝珠は万能のパワーを持っていて、如意宝珠に願うと望みがかなうという。

　龍が人間のことや考えを知ったり、さまざまな姿に変身したり、空を自由自在に飛ぶことができるのも如意宝珠の力なのである。思い通りに宝を産み出すこともできる。さらに、この宝珠をなめるだけで満腹になるので、食事が不要になるという。

　人間がこの如意宝珠を手に入れると、それがカケラであっても、持ち主は毒や火で傷つかず、水にも濡れなくなるのだ。

古い伝説では龍は「満」と「干」の２つの宝珠を持っていて、この宝玉が潮の満ち引きを起こすと考えていたという。

では、龍は如意宝珠をどのように持っているのであろうか。日本や中国で描かれている絵画では、龍は手に如意宝珠を持っているものが多いが、如意宝珠を口にくわえている龍や、猫の鈴のように首輪にしてかけている龍もいる。また、複数の如意宝珠をネックレスのようにかけている龍もいるのである。

現在のイラストやアニメに登場する龍は、必ずしも如意宝珠を持っているわけではないのだが、如意宝珠にはこのようなパワーがあるということである。

龍と指の数

さて、龍が如意宝珠を持っているのは指である。では龍の指の本数は何本だろうか。

中国で生まれ日本に渡ってきた龍だが、指の本数にもエピソードがある。日本の龍の絵に描かれてきた指の本数は３本または４本である。しかし、中国にはさらに５本指の龍も描かれている。

昔の中国では、５本指の龍は皇帝しか使えなかったというのである。そこで、日本に伝わってきたのは３本と４本の指の龍だったという。日本では江戸時代は３本で描かれるのがふつうだったようだ。

しかし、現在のイラストやアニメに登場する龍は、自由に描かれている。あるイラストでは、位の低い龍の指を３本にし、次が４本指、そして最高位とされる龍を描くときは５本指になっている。しかし４本指のほうがバランスがよいようで、最近のイラストでは４本指で描かれている龍をよく見かける。

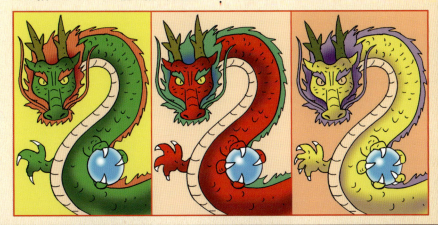

153

最大のドラゴンは!?

　最強の存在といわれるドラゴンは、物語からその強さや恐ろしさはよくわかる。だが、大きさに関しては巨大なドラゴンとはあるけれど、具体的な数字は出されていない。
　そこで本書ではエピソードなどから最も大きなドラゴンを推測することにした。最初に思い浮かぶドラゴンは、月をのみ込むほどの大きな口を持つバクナワだ。エピソードだけで文句なくドラゴンの大きさナンバーワンはバクナワだろう。
　2番目候補はイツァム・ナーだ。その大きさは世界そのものと表現されたり、世界はその背中にあるといわれている。
　3番目の候補はアジ・ダハーカだ。その姿は天をかくすほどの巨大な翼を持つという。
　4番目の候補はテュポーンだ。両手を伸ばすと東西の地平線に達するほどで、頭は星々にまで届くほどであるという。
　5番目の候補は黙示録の赤い竜で、尾を叩きつけて天の星の3分の1を地上に落としたりしたという物語が伝わっている。見方によってはもっと上位の可能性もある。
　カシャフ川のドラゴン（46ページ）も長さは、国から国へまたいで越えてしまうほど長く、体の太さは山から山へまたがるほど太かったというのだが、本書で選んだ大きさベスト5はこれだ。もちろん、読者の判断で違う順位にすることも自由である。

1位…	バクナワ
2位…	イツァム・ナー
3位…	アジ・ダハーカ
4位…	テュポーン
5位…	黙示録の赤い竜

1位 バクナワ
（14ページ）

2位 イツァム・ナー

メキシコのドラゴン。容姿は巨大なイグアナで、頭が2つある。人間にいろいろな知識を与えた。

3位 アジ・ダハーカ
（28ページ）

4位 テュポーン
（188ページ）

5位 黙示録の赤い竜

イスラエルのドラゴン。冠をかぶった7つの頭に巨大な翼を持っている。獣や悪霊を呼び出す特殊能力を持つ。

155

最長のドラゴンは!?

　最長のドラゴンはというと西洋のドラゴンの蛇タイプか、東洋のドラゴンの龍のどちらかに存在すると考えられる。ただし、具体的な長さが書かれているドラゴンは少ないので、容姿、特徴、エピソードなどから推察してみよう。

　たとえば、海の底で自分の尾をくわえ、人間が住む世界そのものである大地をぐるりと取り囲んでいるドラゴンがいる。それはヨルムンガンド（ミドガルズオルム）である。本書ではこのドラゴンを最長と判断する。

　次に体が長いドラゴンは燭陰である。その長い体を霊山に巻きつけ、顎を山の頂上にのせている燭陰は、千里（約4000キロメートル）を遥かに超えると記述されている。

　その次に体が長いと推測できるのは、レヴィアタン（リヴァイアサン）であろう。高速で泳ぐレヴィアタンが目の前を通りすぎるまで3日かかるという巨大さだ。

　これらを踏まえて本書で選んだドラゴンの体の長さベスト5はこれだ。

1位…ヨルムンガンド（ミドガルズオルム）　◆推定全長 12000キロメートル
2位…燭陰　◆推定全長 4300キロメートル
3位…レヴィアタン（リヴァイアサン）　◆推定全長 3500キロメートル
4位…アポピス（アペプ）　◆推定全長 100キロメートル
5位…レインボー・サーペント　◆推定全長 20キロメートル

　これは本書の推測であるので読者がいろいろなドラゴンのエピソードなどから推測して、順位を決めるのも楽しいように思う。

燭陰
人間と蛇が合体したタイプ。頭は人間、体は千里を超える長さの大蛇。中国北方の霊山に棲む。

レヴィアタン
（リヴァイアサン）
（78ページ）

ヨルムンガンド
（ミドガルズオルム）
（98ページ）

アポピス
（アペプ）
（92ページ）

レインボー・サーペント（虹蛇）
（134ページ）

157

スピード王は!?

　ドラゴンといえば重量感があり獲物を獲るときも炎や毒を吐いて倒せる余裕があり、空を飛ぶときも優雅に飛んでいる姿を想像するが、中にはスピードが自慢のドラゴンもいる。
　空を飛ぶスピードなら飛竜タイプの出番である。最初に思い浮かぶのはリンドヴルムだ。ものすごいスピードで飛ぶので全身が輝くと思われ、稲光や流星はリンドヴルムが発光しながら高速に飛行していると考えられていたというほどである。
　同様の能力があるのはワイバーンだ。ワイバーンのほうがリンドヴルムより一回り大きそうなのでこちらのほうが、やや速いかもしれない。ファイアー・ドレイクもまた、流星をファイアー・ドレイクが飛ぶ姿とされる伝承もあることから、かなりのスピードを感じる。
　地上にもものすごいスピードで走るドラゴンがいる。それはフェルニゲシュ（42ページ）である。黒い体に翼のあるドラゴンだが、20歩で30キロメートルも進むという速さの5本足の馬に乗って走るという。しかし、フェルニゲシュ自身が走っているのではないので、本書ではスピード王候補に入れないことにする。
　ゴルィニシチェ（34ページ）も速そうではあるがここで忘れていけないのはムシュフシュ（シルシュ）だ。いろいろな神に仕え神々を乗せて走ったという逸話も残っている。
　そして東洋のドラゴンの黄龍だ。黄龍は龍の最高位で、龍が何段階か進化しなければ黄龍になれない。黄龍になる前の龍は応龍で、応龍は一瞬で地上と天上を駆け巡るという。超高速の応龍が進化した黄龍の能力はそれ以上と思われる。
　本書が選んだスピードベスト5だ。

1位…黄龍
2位…ムシュフシュ（シルシュ）
3位…ワイバーン
4位…ファイアー・ドレイク
5位…リンドヴルム

1位 黄龍（こうりゅう）
（150ページ）

中国では皇帝の権威の象徴とされる龍。東洋のドラゴンだが翼がある珍しいタイプ。

2位 ムシュフシュ（シルシュ）
（147ページ）

中東で言い伝えられてきたドラゴン。蛇の体、ライオンの前足、サソリの尾を持つ混合タイプ。

3位 ワイバーン
（142ページ）

ヨーロッパの飛竜タイプドラゴン。ワニのような頭、ワシのような2本足、コウモリのような翼、トゲのある尾を持つ。

4位 ファイアー・ドレイク

イギリスに伝わるドラゴン。全身が炎に包まれていて、口から炎を吐く。洞窟や死者の墓にある財宝を守っている。

5位 リンドヴルム
（72ページ）

ヨーロッパの飛竜タイプドラゴン。ワニの口、ワシの前足、ライオンの後ろ足、コウモリ形の翼を持つ。

159

ドラゴンと財宝

ドラゴンといえば、角があり炎を吐き空を飛ぶという迫力のある姿とともに、財宝を守っているというイメージがある。勇者がドラゴンを倒し、お姫様を助け財宝を得るという物語があるからである。

❶ベーオウルフのドラゴン（68ページ）…洞窟には財宝がたくさんあり、財宝の上でトグロを巻いて眠るのが大好き。

❷ファーブニル（16ページ）…財宝を洞窟の奥に積み上げ、盗まれないように見張りを絶やさない。

❸ファイアー・ドレイク（159ページ）…洞窟や死者の墓の中にある財宝を守っている。

❹不死身のジークフリートのドラゴン（30ページ）…破壊力のある尾と口から吐く炎で家や城を焼き尽くし、金銀財宝を奪っては自分の洞窟に隠し持っている。

❺レディ・オブ・ザ・ランド…金銀財宝を持っていたことから多くの騎士がやってくるが、ドラゴンの姿の醜さにおびえ皆、逃げ出したという。

❻エチオピアのドラゴン…脳の中にドラゴンティアという秘石が埋まっているがドラゴンが、生きているうちに取り出さないと価値がなくなる。

❼アルゴ号の冒険のドラゴン（コルキスのドラゴン）…黄金の羊の毛皮を守っている。

❽ヴィーヴル（86ページ）…目玉が赤い宝石でできている。

❾ラードーン（ラドン）（90ページ）…最高神ゼウスが大切にしている宝物「黄金のリンゴの樹」を守っている。

❿ゾンダーダッハ山のドラゴン（52ページ）…湖の底に宝物を持っている。…などのドラゴンがいる。

財宝は確かに価値があるのだが、ファーブニルについては、その血をなめたら動物たちの話がわかり、心臓を食べると多くの知識が身につき、血を浴びることによって鋼鉄のような強靭な体になるという伝承もある。財宝よりもむしろこちらのほうが価値がありそうにも思える。

ベーオウルフの
ドラゴン
（68 ページ）

ファーブニル
（16 ページ）

レディ・オブ・ザ・ランド
フランスに伝わるドラゴン。容姿は醜悪で不気味。元は美しい人間の女性。

エチオピアのドラゴン
アフリカに伝わるドラゴン飛竜タイプ。巨大な蛇のような姿で、2枚、または4枚の翼を持っている。ゾウを主食にしている。

アルゴ号の冒険の
ドラゴン
（コルキスのドラゴン）
ギリシア神話に出てくる強大なドラゴン蛇タイプ。巨体を大樹に巻きつけ、黄金の羊の毛皮を守っている。

161

ドラゴンの弱点

　圧倒的な存在感があり、口から炎や毒を吐き、空からの攻撃をする最強の西洋のドラゴンではあるが、最後には神や聖人、そして勇者などに倒されることになる。

　なぜ最強なのに倒されるのか？それはドラゴンそれぞれに弱点があるからである。それゆえに物語として語り継がれているのである。

　さて、それぞれのドラゴンの弱点を紹介しよう。

腹に弱点●ベーオウルフのドラゴン（68ページ）…唯一の弱点は柔らかい腹部。

のどに弱点●クエレブレ（24ページ）…倒すには鱗の少ないのど元を突く。

尻に弱点●ウォントリーのドラゴン（140ページ）…尻が弱点で攻撃を受けると、もんどり打って倒れ絶命。

尾に弱点●ペルーダ（202ページ）…強力な武器でもある尾だが、切られるとたちまち死んでしまう。

　こんなユニークな弱点も…。

音楽を聞くと…●アスプ（アスピス）（108ページ）…楽器の演奏を聞くと我を忘れて踊ってしまう。

鳴き声を聞くと…●バジリスク（バシリスク）（206ページ）…雄鶏の鳴き声を聞くと一目散に逃げる。

卵をぶつけられると…●エレンスゲ（142ページ）…黄身がない、白身だけの小さな卵を額にぶつけられただけで死んでしまう。

強さの秘密がバレた…●ロングウィットンの竜（74ページ）…どんな病気も治す魔法の井戸に尾をつけていたのだが、離れたときに攻撃された。

　ドラゴンが倒されるのは弱点を突かれるだけではなく、聖人の能力に屈する場合もある。

●**聖マルガレータのドラゴン**…ドラゴンにのみ込まれたマルガレータが腹の中で祈ると腹が裂けた。

●**聖ドナトゥスのドラゴン**…ドナトゥスがドラゴンの口の中に唾を吐き

かけると死んでしまった。
●聖ダニエルのドラゴン…ダニエルの作った樹脂や脂肪や毛髪を混ぜた団子を食べて体が破裂。

最強のドラゴンの物語は、同時にドラゴンを倒す英雄たちの物語でもある。

エレンスゲ

スペインに伝わるドラゴン飛竜タイプ。7つのドラゴンの頭。蛇の体に翼がある。

聖マルガレータのドラゴン

イタリアに伝わるドラゴン。長い首に1本の角。人間を丸のみする。

聖ドナトゥスのドラゴン

泉に棲む巨大なドラゴン。猛毒を発し、人間を襲う。

聖ダニエルのドラゴン

バビロン(現在のイラク南部)に伝わるドラゴン。その姿はドラゴン、または大蛇で描かれる。

ドラゴンの色

西洋のドラゴン

　西洋のドラゴンの体の色はさまざまに表現されている。いろいろな本や絵画または紋章などのドラゴンの色は、同じドラゴンでも違っていることがある。それはドラゴンについて記録されている資料が1色の線画の時代のものや、具体的な色が載っていない書も多いからである。それゆえに描く人のイメージで自由に描けるという利点もある。描く人がそのドラゴンにどんなイメージを持っているか、または絵画の1シーンを活かすための色などで表現されてきたのである。だが色に関しては黒が圧倒的に多いのだが、具体的に描かれているいくつかのドラゴンを紹介しよう。

●不死身のジークフリートのドラゴン（30ページ）…全身が真っ黒で、首が長くコウモリのような翼を持つ。

●ゴルィニシチェ（34ページ）…黒い体に3つのドラゴンの頭があり、1対の翼と12本の尾を持つ。

●フェルニゲシュ（42ページ）…黒い体に翼のあるドラゴンで、大柄な馬に乗れるぐらいの大きさである。

●聖ゲオルギウスのドラゴン（64ページ）…大きな翼の生えた黄緑色の大トカゲ。

●スピンドルストンの竜（20ページ）緑色で角の生えたドラゴンの顔で蛇のような胴体。…など。

　色の記録のないドラゴンは、これからもさまざまな色のドラゴンとして描かれることになるので楽しみである。

不死身のジークフリートのドラゴン（32ページ）

西洋のドラゴン（蛇タイプ）

一般の蛇はさまざまな色の蛇がいたり複雑な色合いをしている蛇がいたり、模様が美しい蛇がいたりする。蛇タイプのドラゴンの色に関してはイラストを描く上で想像しやすいタイプのように思える。蛇タイプのドラゴンの伝承では胴体の色に関して書かれているものもあるが、さらに特徴的な一部分だけの色について書かれているものもある。それほど数が多いわけではないが、そのようなドラゴンを紹介しよう。

●ヴリトラ（116ページ）…漆黒の皮膚、黄色い目で白い牙を持つ大蛇の姿。

●アンフィスバエナ（アムピスバイ

レインボー・サーペント（134ページ）

ナ）…（96ページ）明るい緑色の体に濃い緑色の斑点。

●カドモスのドラゴン（アレースの大蛇）（122ページ）…全身は黒く硬い鱗。背中にある光沢の長いヒレは紫色や金色に見えることがある。

●レインボー・サーペント（虹蛇）（134ページ）…虹色の大蛇。

また、東洋の蛇タイプだが、

●ヤマタノオロチ（八岐大蛇）（112ページ）…目はほおずきのように赤く、腹部は血で濡れたように真っ赤だ。

西洋のドラゴン（混合タイプ）

混合タイプのドラゴンの多くは2種類以上の生き物が合わさっている姿なので、その組み合わせについて多く伝わっている。たとえばムシュフシュ（シルシュ）（147ページ）は蛇の体、ライオンの前足、ワシの後ろ足、サソリの尾のようであるというふうである。姿の特徴を伝えることにより、どのようなドラゴンか想像できるので、あえて色を伝えなくてもよかったのかもしれない。そんな混合タイプのドラゴンの中でも色につ

ラニオンのドラゴン（192ページ）

いて伝えられているドラゴンもある。

●ピアサ（186ページ）…全身が赤、黒、緑の3色の鱗で覆われている。

●ラニオンのドラゴン（192ページ）…単眼の目は赤く胴体は緑色。

●ペルーダ（202ページ）…体は緑色。…など。

混合タイプは特殊な姿だが、色も印象に残るドラゴンたちだ。

ドラゴンの色

東洋のドラゴン・龍

東洋のドラゴンである龍は西洋のドラゴンよりも色がはっきり書かれているものが多い。龍の名前自体に色がある白龍、黒龍、青龍、赤龍、などは、その姿は名前通りの色の鱗に覆われているのである。名前に色がなくても、それぞれの龍を紹介するときには色について書かれている。

それは龍の姿形が似ているので色分けをして判断するしかなかったのかもしれない。色について書かれている龍を紹介しよう。

- 虬龍…体は青色で角が生えている。
- 虹蜺（214ページ）…虹色。
- 蜃（234ページ）…赤いたてがみがあり、全身は濃い土色の鱗で覆われている。
- 螭（螭龍・雨龍）…角がなく尾が細く、赤、白、青の3色で彩られている。
- 黄龍（150ページ）…角と歯が白く、耳と口の中が赤く、それ以外は黄色（黄土色または金色）。

虬龍
中国や日本に伝わるドラゴン。蛟龍（230ページ）の一種といわれている。口から毒を吐き、変身能力を持つ。

螭（螭龍・雨龍）
中国や日本に伝わる小さなドラゴン。雨を操る能力がある。

それでも、中には色について書かれていない龍もいる。それは姿に特徴があるからだ。

- 九頭龍（212ページ）…一般的な龍と同じだが、9本の首と頭を持つ。
- ルナナの龍（216ページ）…口から火や煙を吐くが温厚な性格。…など。

昔の龍を今に再現できるのは、このように色や特徴をうまく伝えられているからだ。

166

第4章
ドラゴン最強伝説③
ドラゴン混合タイプ

タラスクス、バジリスクなど
13話

ドラゴン最強伝説❸
ドラゴン混合タイプ

容姿 ライオンの頭　6本の熊の足　蛇のような尾　トゲのある甲羅

特徴 毒を吐く　炎の糞を発射する

タラスクス（タラスク）

✺ レヴィアタンの子、タラスクス

　タラスクスは世界最大の海のドラゴン、レヴィアタン（78ページ）とガラテア（現在のトルコ中部の地域）に棲むドラゴン、オナクス（またはボナクス、オナコ、ボナコ）の子どもといわれている。
　オナクスとは、雄牛の体に馬のたてがみが生え、渦巻き状にねじれた角を持つ怪物だ。ただこの角は戦うためのものではないので、戦いから逃げるときは大量の糞を撒き散らし、相手をひるませるという。これは尻から炎の糞を発射するタラスクスと似ている。
　タラスクスはフランスのローヌ川に現れ、人間を食べ、船を転覆させ、毒や炎の糞で、黒々と生い茂る森の近くにあるネルルクという町の住民を苦しめた。タラスクスを退治しようと勇者が次々と立ち向かうが、ことごとく炎で焼き殺されてしまったのである。

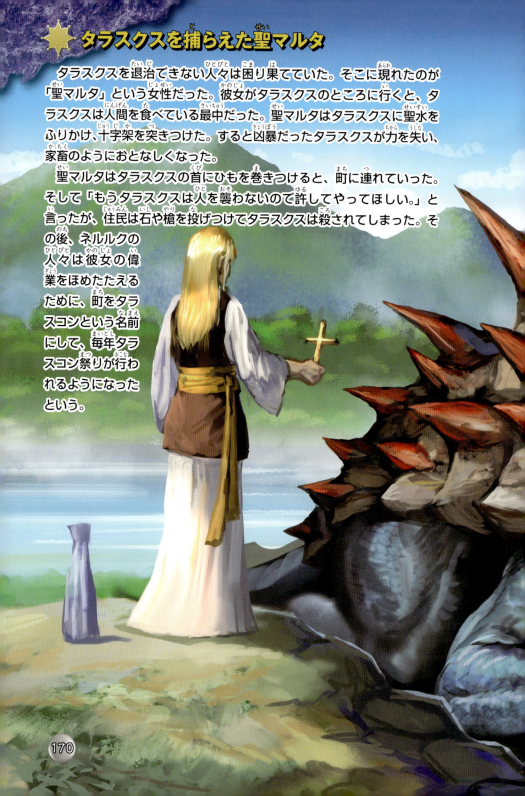

タラスクスを捕らえた聖マルタ

　タラスクスを退治できない人々は困り果てていた。そこに現れたのが「聖マルタ」という女性だった。彼女がタラスクスのところに行くと、タラスクスは人間を食べている最中だった。聖マルタはタラスクスに聖水をふりかけ、十字架を突きつけた。すると凶暴だったタラスクスが力を失い、家畜のようにおとなしくなった。

　聖マルタはタラスクスの首にひもを巻きつけると、町に連れていった。そして「もうタラスクスは人を襲わないので許してやってほしい。」と言ったが、住民は石や槍を投げつけてタラスクスは殺されてしまった。その後、ネルルクの人々は彼女の偉業をほめたたえるために、町をタラスコンという名前にして、毎年タラスコン祭りが行われるようになったという。

ドラゴン最強伝説 ③
ドラゴン混合タイプ

ペルセウスとメデューサ

　ギリシア神話に登場する英雄ペルセウスはドラゴンを退治することになる前に、神々から授かった青銅の盾、翼のあるサンダル、キビシス（袋）、隠れ兜、金剛の鎌（ハルペー）を装備して、メデューサ退治に行った。

　メデューサは髪の毛が蛇で、その目を見たものを石にしてしまう怪物ゴルゴーン3姉妹の三女だ。ペルセウスは居場所を見つけると、メデューサの顔を直接見ないようにして、盾に映し出された姿を見ながら金剛の鎌でメデューサの首を取ることに成功した。

　ペルセウスはキビシスにメデューサの首を入れると、翼のあるサンダルで飛び去った。ほかのゴルゴーンが目を覚まして追いかけたが、ペルセウスが隠れ兜を身につけて姿を透明にしたので見つけることができなかった。

| 容姿 | 魚とワニとドラゴンの融合した姿 |
| 特徴 | エチオピアの人々を苦しめるために現れた |

ペルセウスのドラゴン

海神ポセイドンが送り込んだドラゴン

　アフリカのエチオピア国のカシオペイアは、とても美しい王妃だった。王妃カシオペイア自身も自分は美しいと思っていたのである。
　ある日、カシオペイアは「私の美しさには、美しいと言われる海の女神ネーレイデスさえも及ばない。」と言ってしまったのである。それを聞いたネーレイデスは怒ってそのことを海神ポセイドンに告げると、ポセイドンは「神をないがしろにする、思い上がった人間たちを懲らしめてやる。」と怒った。
　そして、エチオピアの海に1匹のドラゴン（ペルセウスのドラゴン）を送り込んだのである。エチオピアの海に突然現れた海のドラゴンは、通る船を沈め、人間を丸のみにし、津波を起こして大暴れするのでエチオピアは大混乱に陥ってしまった。

ドラゴン最強伝説❸
**ペルセウスの
ドラゴン**

✦ アンドロメダを救いドラゴンを退治したペルセウス

　突然現れて大暴れするドラゴンは海神ポセイドンによってのことと知ったエチオピア王は、なぜ海神ポセイドンが怒っているのかを尋ねると、その原因が王妃カシオペイアにあったと聞かされた。海神ポセイドンは「娘である王女のアンドロメダを生け贄に捧げたら、ドラゴンは去るであろう。」と言ったので、王は国と国民を救うために王女アンドロメダを生け贄として捧げる決意をした。
　アンドロメダもそれを受け入れ、海岸の岩に鎖で縛りつけられた。そこを通ったのがメデューサの首を持っている英雄ペルセウスだった。アンドロメダから事情を聞いたペルセウスは、海から現れたドラゴンにメデューサの首を突きつけて石に変えてしまった。メデューサは首を切られても、相手を石に変える力は残っていたのである。

ドラゴン最強伝説❸　ドラゴン混合タイプ

容姿	ドラゴンの顔　蛇の体
特徴	体を切り離されても元通りにくっつく

ワーム

ラムトン（ランプトン）のドラゴン

　イギリスに伝承するワーム伝説の中で有名な話がラムトンのワームだ。ある日、ラムトン家の若者が川で釣りをしていると、小さくて手も足もない奇妙な虫のようなものを釣り上げたのである。通りかかった老人に、それを川に戻してはいけないと言われた若者は急に恐ろしくなり、それを井戸に投げ捨てた。

　だが、それはワームの幼生だったのである。ワームはどんどん成長して大きくなると、井戸から出てきて周辺の村々の人々や家畜を襲い暴れ回った。このワームを退治しようと何人もの騎士が挑んだが全て敗北。その理由はワームに再生能力があったからだ。

　そんなとき、騎士になってあちこち遠征していたワームを井戸に投げ捨てた若者が故郷に帰ってきて、ワームが暴れていることを知った。

ドラゴン最強伝説 3
ワーム

ワームを退治した若者の運命

　ラムトン家の若者はワームを倒そうとするが、簡単に倒せないことを知り、魔女に助言を求めた。すると魔女は「必勝法を授けるが、お前は勝利後、最初に見た人物を殺さねばならないが、それでもよいか。」と言うのである。若者は承諾し、その助言から、ハリネズミのような刃をつけた鎧をつけ、流れの速い川でワームと対決した。ワームは若者に巻きついたが鎧の刃で傷つけられ、さらに剣で切られた体は流れの速い川に流され、再生できなくなり、ワームは若者に倒された。若者が館に戻ってきたとき、最初に迎えに出たのが父親だった。父親を殺すわけにはいかないと思った若者は、父親の後ろにいた忠実な猟犬の首をはねて代わりにしようとしたがかなわず、以後ラムトン家は9代の間呪われ続け滅亡してしまったという。

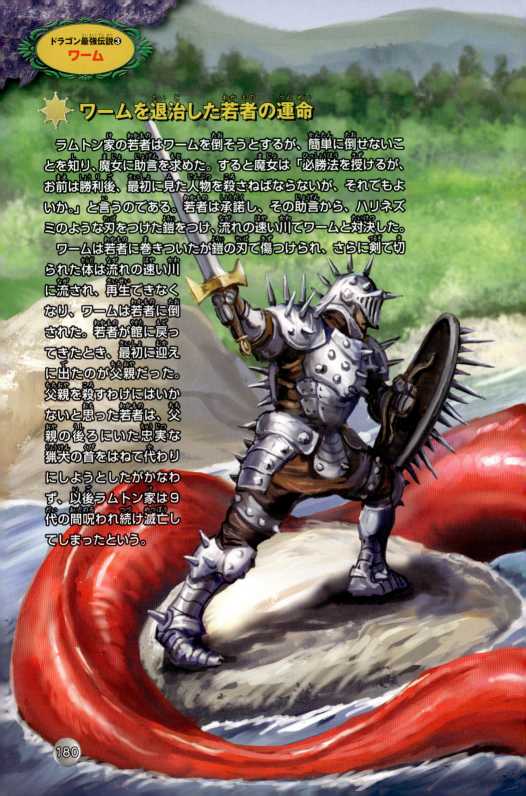

ドラゴン最強伝説❸
ドラゴン混合タイプ

容姿 7つの頭にそれぞれ7つの角と目　鷲の尾

特徴 大きくて重く、人間を食べる

キリム

✦ キリムを退治したニャンガ族の英雄ムウィンド

　キリムはアフリカに住む少数民族ニャンガ族の伝承に登場する凶暴なドラゴンだ。小さな民族の長であるムウィンドは森に棲むイノシシの肉を食べたくなり、家来にイノシシを捕ってくるように命じた。3人の家来は森でイノシシを追いかけていたが、森の奥深くにいるキリムと出会ってしまい、3人はキリムに丸のみされてしまった。

　ムウィンドは自らキリム退治に出かけ、キリムと一騎討ちをしてみごとに退治したのだった。ムウィンドが退治したキリムの腹を引き裂くと、3人の家来が生きたまま飛び出してきた。さらに7つの目を火であぶると、過去にキリムに食べられた人々が次々と生き返り、その人数は1000人にもなった。ムウィンドは彼らに新たな土地を与えたので、ムウィンドは少数民族の長から大部族の長になったという。

ドラゴン最強伝説❸
キリム

✦ ムウィンドのその後と、もうひとつのドラゴン

　キリムを退治したムウィンドだったが、天界の雷神ンバク（ヌバク）は勝手にキリムを退治したことが気に入らなかった。雷神ンバクはムウィンドを天界に連れ去るとさまざまな罰を与えたのだった。そして今後は森や村の動物を殺してはならないと命じ、それを破ったら、ムウィンドの命はなくなると警告してから解放した。
　キリムの話はここまでだが、ニャンガ族の伝承には凶暴なドラゴンであるキリムのほかに、川を支配する偉大なる王といわれるムキチというドラゴンがいた。ムキチは水蛇の姿をしていて、どんな人間よりも大きかったといわれる。陸の生き物を嫌い、水辺にやってきた女性をさらって妻にはしたが、キリムと違い人間を襲わず、人間に知識を与えたので、人々から大切にされたといわれるドラゴンだ。

ドラゴン最強伝説③
ドラゴン混合タイプ

容姿　ヒゲのある人面　鹿の角　全身に３色の鱗　大きな翼
特徴　イリニ族の人々をエサにする

✦ 壁画から発見されたドラゴンの姿

　ピアサはネイティブアメリカンのイリニ族に伝わる伝説のドラゴンで、イリニ族の人々を襲っては食べる恐怖のドラゴンだ。イリニ族の勇敢な戦士たちがピアサの退治に立ち上がったが、空を飛び回るピアサを退治するにはピアサを地上に下ろす必要があった。そこで武装していない戦士がおとりとなり、その周りに強力な戦士たちがたくさん隠れていてピアサが来るのを待ったのだ。
　やがて、ピアサはおとりの戦士を見つけると向かってきた。勇敢な戦士は、木の盾でピアサの最初の一撃をかわした。そのときに隠れていた戦士たちが、いっせいに飛び出し必死に攻撃をして、ついにピアサを退治した。
　この伝承を後世に伝えたのは、探検中に崖の壁面に描かれているピアサの絵を発見した二人の探検家だった。

ドラゴン最強伝説③
ドラゴン混合タイプ

容姿 100匹の蛇の頭　人間の男の体　大蛇の下半身
特徴 天に届くほど巨大で、すさまじい破壊力を持つ

テュポーン

✦ 主神ゼウスとテュポーンの戦い

　ギリシア神話の中で、神々も恐れるドラゴンがテュポーンだ。テュポーンは神々に戦いを挑み、天に向かっていくと、その迫力に恐れをなした神々は動物に姿を変えて逃げてしまった。

　唯一、立ち向かったのは主神ゼウスであった。ゼウスは離れた場所からはテュポーンに雷を落とし、接近すると金剛の鎌で切りつけた。一方、100匹の蛇の頭を持つテュポーンは、100匹の蛇が炎を吐き、山や大地を引き裂く力のある腕を振り回し、大蛇の下半身で巻きつくのである。ゼウスの雷とテュポーンの火炎で、大地は炎上して天と海は煮えたぎったという。

　激闘の末、テュポーンは大蛇の下半身でゼウスを締めつけ、金剛の鎌を取り上げ、手足の腱を切り取ってゼウスを動けなくすると、洞窟に閉じこめて、上半身が人間の女性で下半身が蛇のデルピュネーに番をさせた。

主神ゼウスの復活

ゼウスがテュポーンに破れ洞窟に閉じこめられたことを知った神々はゼウスを助けにいくのである。そこで盗賊の守護神ヘルメースと牧神パーンの二人は、番をしていたデルピュネーをだまして、手足の腱を取り戻し、ゼウスを復活させた。力を取り戻したゼウスは再びテュポーンと戦い、テュポーンに深手を負わせたが、テュポーンは運命の女神を脅迫して、全ての望みがかなう「勝利の果実」を手に入れたのだった。

ドラゴン最強伝説❸
テュポーン

ところが、これで勝てると思い果実を食べると急に力が抜けてしまった。実は運命の女神が渡したのは、決して望みがかなうことがない「無常の果実」だった。
　力のなくなったテュポーンはイタリアまで逃げたが、ゼウスに追いつかれ、すさまじい雷の一撃でシチリア島の大地に落とされた。

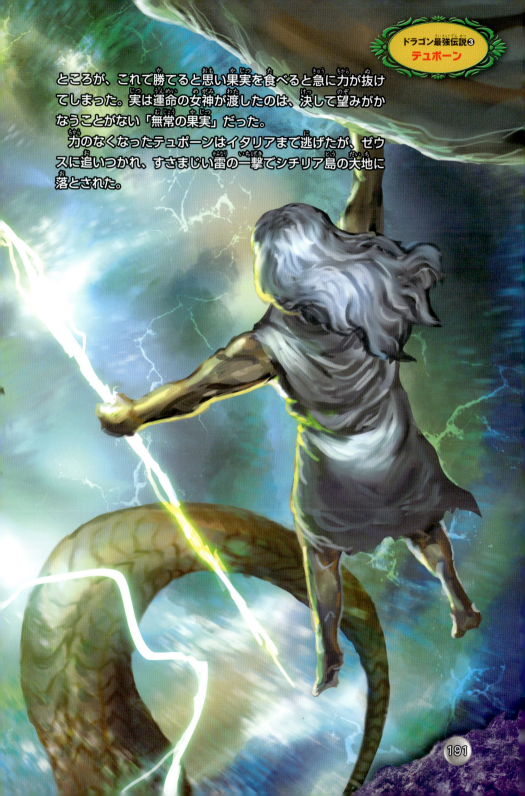

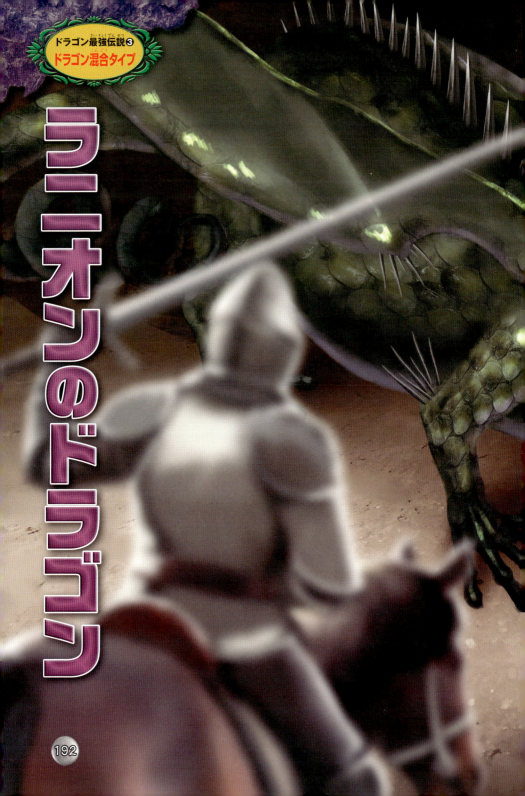

ドラゴン最強伝説❸
ドラゴン混合タイプ

ラニオンのドラゴン

赤いひとつ目のドラゴン

　ラニオンのドラゴンは、フランスのブルターニュ地方のラニオンで暴れ回っていたドラゴンだ。体中の関節から針のように尖った角が生えているので、このドラゴンに近づくのは困難なのである。
　このドラゴンが暴れ回るので、ラニオンの人々はアーサー王に退治してくれるようにお願いした。アーサー王は完全武装をして馬に乗り、ドラゴンの元に向かった。
　待ち受けたように現れたドラゴンとアーサー王の戦いは3日間続いたが、決着がつかずドラゴンは巣穴に逃げ、アーサー王も疲れ果てて倒れこんでしまった。そこに偶然現れたのは、アーサー王のいとこである。信心深い彼が神に祈ると、ドラゴンは巣穴から出てきて、自ら海に飛びこんで死んでしまったという。

容姿 単眼（真っ赤な目）　胴体は緑色の鱗　尾はらせん状にねじれている

特徴 巣穴から出てきて暴れ回る凶暴ドラゴン

ドラゴン最強伝説❸
ドラゴン混合タイプ

|容姿|手足や翼を持たない長い体|
|特徴|毒の息|

クロック・ナ・クロイブのドラゴン

★ らせん状の丘を造ったドラゴン

　クロック・ナ・クロイブのドラゴンとは、イギリスの北部にあるスコットランドに伝わるドラゴンだ。クロック・ナ・クロイブとは「竜の丘」という意味である。人々はワームと呼んでいたことから、手足や翼を持たない長い体のドラゴンであると思われる。その長い体で丘を何巻きもできるほどだといわれていたのだ。

　人々を苦しめたのは毒の息である。毒は近くの生き物や植物を根絶やしにするほど強力だった。このワームを退治しようとしたのは勇敢な村人だった。村人は石油から取れる固形物を高温で溶かして炭に染みこませたものを、長い槍でワームの口の中に突き入れ退治した。丘に長い体を巻きつけていたワームは、苦しさのあまり丘を全力で締めつけたので、らせん状のくぼみがついた丘になったという。

194

容姿	頭と尾は蛇　前足が2本　翼がある
特徴	体が玉虫色に発色

スキタリス

★ 美しさに見惚れるドラゴン

　スキタリスは中世ヨーロッパに書かれた本に紹介されたドラゴンだ。スキタリスとはラテン語で「優雅な」という意味であり、体が玉虫色に発色する美しい姿のドラゴンだ。

　スキタリスは狩りを得意とするドラゴンだが、ただ狩りに必要な俊敏さがなかったという。それでも獲物を捕らえられたのは、獲物がスキタリスの美しさに見惚れてしまっている間に、襲いかかって殺してしまうという。俊敏さがなくても狩りができた理由はここにある。ほかにも、12世紀ごろの物語集ではスキタリスの違う特徴が書かれている。スキタリスの体は高熱を発するために極寒の寒さでも活動することができ、蛇のように冬眠することはないという。しかし、蛇のように脱皮をするというのであった。

ドラゴン最強伝説❸
ドラゴン混合タイプ

容姿 顔がワニ　背中がカメの甲羅のよう　尾はワニや蛇に似ている
特徴 毒を持つ

鬼弾（きだん）

★ 水中から攻撃するドラゴン

　鬼弾は中国南部の雲南省の禁水という川に棲むドラゴンだ。その姿は、顔がワニのようであり、背中がカメの甲羅のようなもので覆われ、尾はワニや蛇に似ている。

　毒を持つこのドラゴンの攻撃方法は独特だ。鬼弾は川の水面に近づいたものをめがけて、水中から砂と毒を混ぜた水を吹き出して人間の命を奪うのだ。この攻撃方法をすることから「射人影」とか「射工」とも呼ばれる。

　鬼弾は寒くなると、冬眠をするのか姿を現さなくなるという。そのため雲南省では鬼弾の毒を避けるために、ふだんはこの川を渡ることを禁じていたが、11月から12月の寒い時期だけ川を渡ることを許可していた。この鬼弾らしきドラゴンに襲われたという話は、20世紀以降も報告されているという。

ドラゴン最強伝説③
ドラゴン混合タイプ

容姿 眼球は1つ　馬のようなたてがみ　鉄の爪
クジラのような尾

特徴 口から炎を吐く

聖シェナーンのドラゴン

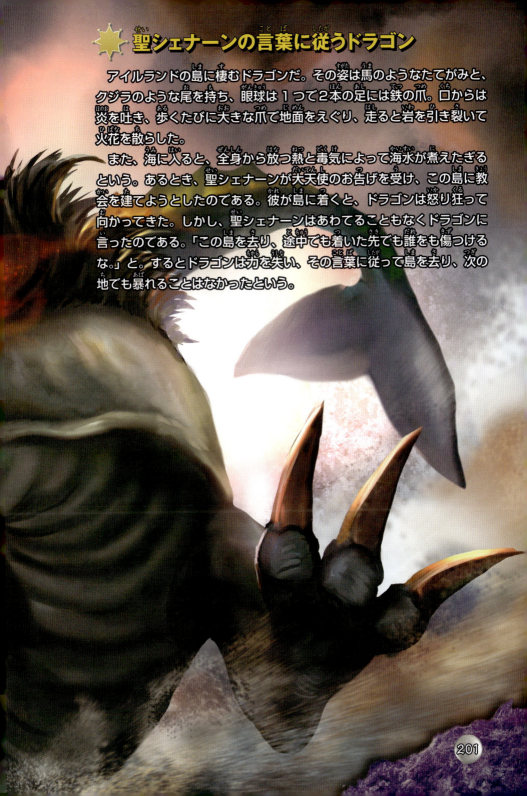

✹ 聖シェナーンの言葉に従うドラゴン

アイルランドの島に棲むドラゴンだ。その姿は馬のようなたてがみと、クジラのような尾を持ち、眼球は1つで2本の足には鉄の爪。口からは炎を吐き、歩くたびに大きな爪で地面をえぐり、走ると岩を引き裂いて火花を散らした。

また、海に入ると、全身から放つ熱と毒気によって海水が煮えたぎるという。あるとき、聖シェナーンが大天使のお告げを受け、この島に教会を建てようとしたのである。彼が島に着くと、ドラゴンは怒り狂って向かってきた。しかし、聖シェナーンはあわてることもなくドラゴンに言ったのである。「この島を去れ、途中でも着いた先でも誰をも傷つけるな。」と。するとドラゴンは力を失い、その言葉に従って島を去り、次の地でも暴れることはなかったという。

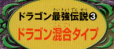

容姿	毛むくじゃらの緑色の体　大蛇の頭と尾　亀の足
特徴	口から炎、毒、水を吐く　毒のトゲで攻撃

ペルーダ

 ## ノアの方舟の大洪水を生き抜いたドラゴン

　フランスのラ・フェルテ・ベルナール地方の伝承によると、ペルーダはノアの方舟の物語の前より生きていたといわれる。ペルーダはユイヌ川に棲み周辺を荒らしていた。家畜を襲っては食べ、口から炎や毒を吐いて農作物を枯らしたり、川を氾濫させ甚大な被害をもたらした。そして人間を襲うようになると、好んで若い女性や子どもを狙って食うのであった。

　ノアの方舟の物語では、世界中のあらゆる動物のカップルが1組ずつノアの方舟に乗せられ、それ以外の生物は絶滅したことになっている。しかし、ペルーダはもともと川に棲んでいるので水には強く、亀のような太い足と巨大な体で大洪水に耐えたのではないかといわれている。

202

ドラゴン最強伝説❸ ペルーダ

 ペルーダを退治した青年

　ペルーダは特に子どもや若い女性を好んだという。ある日、ペルーダに美しい女性が襲われ、連れ去られた。しかし、女性の婚約者であった勇敢な青年ベルナルドがドラゴン退治に向かった。

　ベルナルドはペルーダの毒のトゲから身を守るために鎖鎧を身につけ、さらにペルーダの弱点を教えてもらっていた。その弱点こそが尾だったのである。ベルナルドはペルーダのねぐらを突き止め戦いを挑んだ。ベルナルドは戦いの中、一撃を食らうと殺されてしまうという尾をめがけ切りつけた。すると尾はみごとに切り落とされ、ペルーダはたちまちその場に倒れて死んでしまった。その後、ベルナルドは英雄として人々にたたえられ、ペルーダの死体はミイラにされてみんなで祝ったという。

ドラゴン最強伝説❸
ドラゴン混合タイプ

容姿	王冠をかぶった8本足のドラゴン
特徴	猛毒を持ち、見るだけで相手を石にする

バジリスク（バシリスク）

毒蛇を誕生させたメデューサ

　バジリスクはヨーロッパに伝わるドラゴンだ。神話に、猛毒を吐くバジリスクが生まれる要因となった言い伝えがある。それは、英雄ペルセウスがメデューサの首を持ってリビアの砂漠を通ったとき、首の血が砂漠に滴り落ちてバジリスクが生まれたという。
　メデューサとは髪の毛が毒蛇で、彼女の目を見たものは石になるという魔力を持つものだったが、英雄ペルセウスにより首を切られたのだった。アフリカの砂漠に棲む毒蛇や怪物は全て、メデューサの血から生まれたといわれる。そして毒蛇の中でも、特にメデューサの能力を受け継いだのがバジリスクだった。後に、バジリスクが見るだけで相手を石にする能力が身についたという伝承はここから来ている。

ドラゴン最強伝説 ③
バジリスク
（バシリスク）

⭐ アレクサンダー大王に退治されたバジリスク

大帝国を築き上げたアレクサンダー大王は、インド遠征の途中の砂漠でバジリスクに出会った。バジリスクを倒そうと向かった部下は、バジリスクににらみつけられて石になってしまった。そこでアレクサンダー大王は、部下たちの盾にピカピカに磨いた鏡をくくりつけて、バジリスクの周りを取り囲ませた。バジリスクは逃げることができず、自分の姿を映す鏡の自分の視線で石になってしまった。

バジリスクに対抗するには、3つの方法があるという。1つ目は天敵のイタチを巣に放りこむ方法で、お互いの悪臭でどちらも死ぬという。2つ目は雄鶏の鳴き声を聞くとバジリスクは一目散に逃げるか、体が麻痺して死んでしまうという。3つ目はアレクサンダー大王がやった、視線の毒に対する対処法である。

国旗になったドラゴン

イングランド、ウェールズ、スコットランド、北アイルランドの4つの国で構成されているイギリスだが、その中のウェールズの国旗には「赤い竜」と呼ばれるドラゴンが描かれている。

描かれた「赤い竜」には伝説がある。ウェールズの地にアングル人やサクソン人が侵略してきて、現地人のブリトン人との戦いが始まった。赤いドラゴンはブリトン人の守護竜で、白いドラゴンはアングル人やサクソン人の守護竜だった。

赤いドラゴンと白いドラゴンも戦いを始めた。最初は白いドラゴンが優勢だったが、最後には赤いドラゴンが勝利した。ブリトン人も勝利し、赤い竜がウェールズの象徴になった

ウェールズの国旗　（写真提供／アフロ）

という。ほかにも、ブリトン人の古代の王たちがドラゴンを旗印に用いたとう説もある。いずれにしても、ブリトン人にとって、「赤い竜」は切り離せない関係のようだ。

赤いドラゴンと白いドラゴンの壮絶な戦い!!

第5章
ドラゴン最強伝説 ④
東洋のドラゴン・龍

九頭龍、ルナナの龍など
10話

211

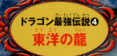

容姿	9本の首と頭を持つ
特徴	神様として祀られる

九頭龍

箱根・芦ノ湖の九頭龍伝説

　神奈川県にある九頭龍神社の伝説では、奈良時代よりさらに前、万字ケ池に毒龍が棲みついていたという。毒龍は嵐を呼び水害を起こして住民を苦しめた。人々は毒龍の怒りを鎮めるために、毎年、若い娘を人身御供として差し出していた。
　この話を伝え聞いたのは箱根神社を開いた万巻上人だった。上人は村人を救うために、池の前で毒龍に向かって悪行をやめ改心するように祈祷を行った。最初は抵抗していた毒龍だったが、仏の力に負け池から出てきて過去の行いを詫びた。だが、上人は許さず池の底にある逆さ杉に鉄の鎖で呪縛した。すると会心が本物であったので、毒龍は九頭龍の姿に変わったのである。それを見た上人は九頭龍神社を建て、龍を祀り人身御供の代わりに赤飯を湖底に沈めるようにした。

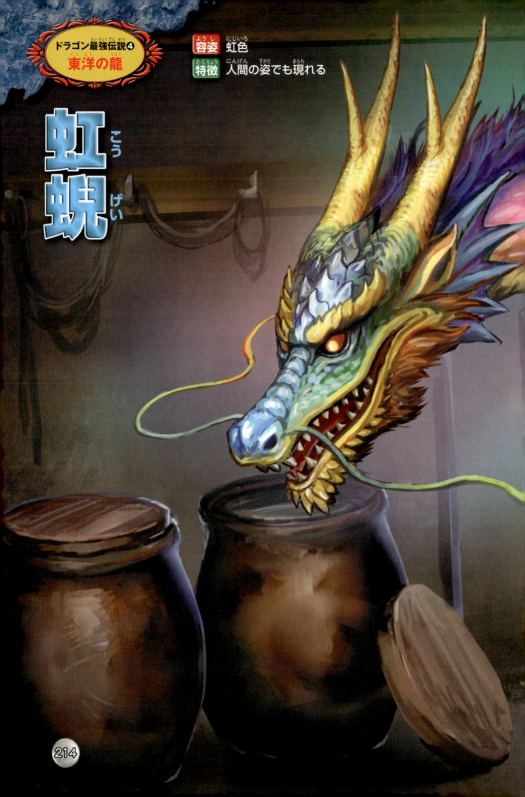

民家に現れた虹色のドラゴン

虹蜺は中国に伝わる虹色のドラゴンだ。虹蜺のオスの虹が地上に水を飲みにやってくるという伝説がある。晋の時代、オスの虹が人間の家の中にある釜の水を見つけ、釜の中の水を飲んでいた。虹がやってきたことを喜んだ主人が釜の中にお酒をたくさん入れると、虹はそれも飲み干した。そして、何かを吐き出して天に昇っていった。主人が釜の中を見ると、たくさんの金塊が入っていたという。

また、人間の姿で現れることもある。オスの虹は色とりどりの衣を着て、メスの蜺は地味な服装だという。身長が3メートルで、虹が体の周りにまとわりついているという。虹が人間の女性に子どもを産ませて、子どもが少し大きくなると引き取りにきて、消えたかと思うと、天に大きな虹と小さな虹がかかったという伝承もある。

容姿 中国の龍に似た外見 手に宝石を持っている
特徴 食事は宝石を数回なめるだけ

ドラゴンを狙う猟師

　ルナナの龍はインドの北東にある小国ブータンのルナナ地方に伝承するドラゴンだ。おだやかな性格で村人たちに愛されていた。
　ある日、ルナナの村にこのドラゴンを狙う猟師が弓矢を持ってやってきた。村人たちはドラゴンを守るために、猟師が帰るようにいろいろなことを試みるが、猟師の意志は固くそれからも勝手に村を探索し続けた。うっかりしていたのか、猟師は足を滑らせて崖の下に落ちてしまったのだ。崖は深かったが、猟師が落ちたのは崖の下でとぐろを巻いて一眠りしていたドラゴンの上だったのでケガはなかった。驚いた猟師は弓矢でドラゴンを倒そうとしたが、落ちたときに弓矢をなくしていた。そこで、猟師はドラゴンに食べられると覚悟をした…。

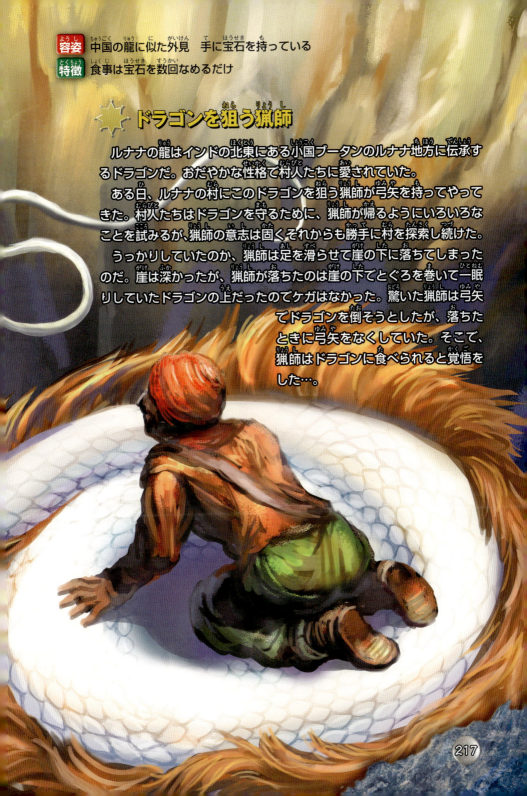

★ ドラゴンに救われた猟師

　崖に落ちた猟師は、目の前のドラゴンに食べられると覚悟をした。しかし、ドラゴンはたまに宝玉をなめてうずくまっているだけであった。猟師が落ちた崖は深くて、道具がないので脱出は不可能だった。誰も助けに来ることもなかった。生き延びるために、猟師もドラゴンの持つ宝玉をなめて飢えをしのいでいたのだった。

　数日後、猟師は宝玉の不思議な力で崖から脱出できるかもしれないと思った。そして、ドラゴンから宝玉を奪ったのである。すると宝玉が轟音とともに眩しい光を放ち、今まで動かなかったドラゴンが、天に向かって昇り始めたのだ。猟師は天に向かうドラゴンに必死に捕まって、地上に戻ることができたのだった。しかし、地上に戻った猟師が、ドラゴンのことを話しても誰も信じなかったという。

ドラゴン最強伝説④
ルナナの龍

大蛇の胴体が変化した龍

　明神池と呼ばれる池は全国に存在している。これは、奈良県南部の村にかつて龍が棲んでいたという明神池の伝承だ。実はこの龍は、3つに切られた大蛇の胴体が変化して龍になったというのである。

　その昔、行者が大峰山を歩いているときに、人々を苦しめていた悪い大蛇に出会った。行者は天狗が履いているものと同じ1本歯の下駄を履いていたので、この下駄の歯で蛇の体を3つに切った後、遠くに叩き飛ばした。そして、頭は有馬の池に、胴は明神池に、尾は猿沢の池に落ちたのである。以来、有馬の池は人が落ちると戻らなくなり、猿沢の池は風もないのに波立つという。そして明神池には龍が出現するようになったという。その後も明神池では、池の中に釘を投げ込むと龍が現れるなど、龍にまつわる話が伝わっている。

容姿 恐ろしい形相
特徴 池に釘を投げ込むと現れる

明神池の龍

ドラゴン最強伝説④
東洋の龍

|容姿|真っ赤な蛇のような胴体　4本足|
|特徴|猛毒を持っている|

七歩蛇

猛毒を持つ小さなドラゴン

七歩蛇は真っ赤な蛇のような胴体で、たてがみはない。4本足が生え、鱗の間が金色に光っているという。全長6〜12センチメートルほどの大きさだが、猛毒を持っていて、かまれた相手が7歩も歩かないうちに死んでしまうので、この名前がつけられた。また、七歩蛇が通った場所にあった草はすぐに焼け焦げてしまうという。

伝承によると京都・東山の屋敷に多数の蛇が現れ、この蛇たちを捕まえて捨てても、次の日はさらに多くの蛇が現れるのであった。そこで屋敷の主が土地の神様に頼むと、翌朝、砕けた庭石から七歩蛇が現れた。実は、この屋敷に七歩蛇が棲みつき、このような現象を起こしていたのであった。発見された七歩蛇は、神様により退治されたという。

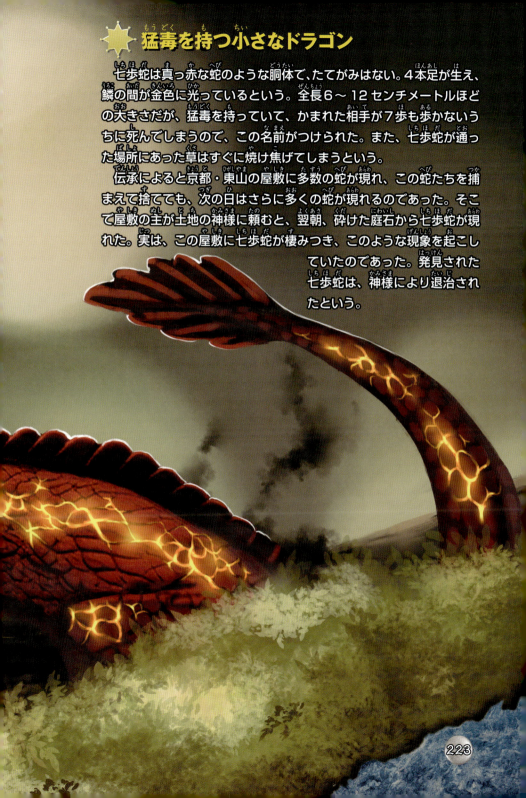

十和田湖を追われた龍

　八郎太郎は秋田県の伝説に登場する龍だ。八郎太郎という若者が川で捕まえたイワナを3匹食べた。すると、のどが焼けつくように渇いたので、谷川の水を飲んだが、いくら飲んでもおさまらず気がつくと体が龍になっていた。村に帰ることができないので、川の流れを堰き止め湖を造り、湖水に身を沈めた。それが、十和田湖である。
　しかし百年後、南祖坊というお坊さんに十和田湖を追われた。そこで、八郎太郎は男鹿半島に八郎潟を造り、主となったのである。
　ちなみに八郎太郎には辰子という恋人がいたのだが、彼女も田沢湖でその身を龍に変えていた。毎年秋の彼岸の頃、八郎太郎は田沢湖に恋人の辰子を訪ねて冬を一緒にすごすために、主のいない八郎潟は凍りつき、2匹の龍が棲む田沢湖は冬の間も凍らないという。

容姿	赤い龍
特徴	人間の目の中に入ってしまうほど小さい

蟄龍（ちつりょう）

★ 極小のドラゴン

　蟄龍は中国に伝わる極小の龍だ。蟄龍の蟄とは潜む、隠れる、虫などが土の中に閉じこもるなどの意味である。その姿は小さな赤い龍で、いつもどこかに潜み隠れているのである。

　伝承では、村人の妻の目に何かが入ってしまい目がチクチクと痛むので、ゴミでも入ったのかと思いまぶたを開けて眼球を村人に見てもらうと、眼球の中に血管のような赤い筋がついていた。糸くずかと思ったが、よく観察すると何と龍の姿をしている。村人は驚いたが、どうすることもできずにそのままにしておくしかなかった。

　この蟄龍はその後も害を与えることなく妻の眼球にとどまっていたが、ある日、凄まじい豪雨のときに、蟄龍は妻のまぶたを破って飛び去ったという。

227

容姿	細身の龍
特徴	乙女の姿になれる　竜宮城に棲む

ミズハノメ（ミズハメ）

✦ 龍宮城のある川を司る龍

　日本神話に登場する龍の姿の水の神だ。日本の代表的な水の神で、多くの神社に祀られていて、名前もいろいろな漢字で表されている。

　ミズハノメは、日本の神々を産んだ女神イザナミノミコトから生まれた。イザナミノミコトが火の神であるカグツチを産む際に火傷をしてしまい、苦しんだときに漏らした尿がミズハノメになったとされる。その出生から水の神だけでなく、農家では肥料の神としても祀られている。

　また、ある地に乙女の姿をした神が現れ、「この土地は田畑が少ないが、きれいな水に恵まれているから紙すきをやるとよい。」と言って、和紙を作る紙すきの方法を教えた。村人が名前を聞くと「上流に棲むミズハノメ神なり。」と言って姿を消したという。ミズハノメが帰った川の底には龍宮城があるという。

ドラゴン最強伝説④ 東洋の龍

容姿 頭が小さい龍 体は蛇
特徴 水蛇から蛟龍になり、さらに龍になる

蛟龍（蛟）

★ 人間の力を借りに来た蛟龍

　蛟龍は龍に似たドラゴンであり、また龍の幼生ともいわれる。蛟龍の獲物は魚だ。そのために、たくさんの良い魚がいる湖などをめぐって蛟龍同士が争うことがある。力のある蛟龍が良い湖へ、力のない蛟龍は魚の少ない池や川に棲むことになるのである。
　ある湖でも、黄色い蛟龍と白い蛟龍で争いがあった。力に勝る黄色い蛟龍には勝てないと悟った白い蛟龍は人間の力を借りることにした。ある日の夜、白い蛟龍は白装束の道士の姿になり、腕の立つ猟師の家を訪ねたのである。道士は「山頂にある大きな湖をめぐって争っているが、相手が強すぎるので援護してほしい。」と頭を下げて頼んだ。猟師が承知すると「明日、正午に湖に来てほしい。」と言って道士は立ち去った。

230

白い蛟龍と黄色い蛟龍の対決

翌日、猟師が湖に着くと急に天候が悪くなり、雷鳴とともに湖から2匹の蛟龍が体を絡ませて飛び出してきた。よく見ると黄色い蛟龍と白い蛟龍が戦っていたのだった。そして、圧倒的に黄色い蛟龍が有利に見えたのだった。そのとき、猟師はあの道士は白い蛟龍だと気がつくと、黄色い蛟龍ののどをめがけて矢を放った。矢はみごとに命中し2匹はそのまま湖に沈んでいき、再び出てくることはなかった。

その夜、白装束の道士の姿になった白い蛟龍が再び猟師の家を訪ねてきた。「おかげで湖は私のものとなりました。お礼に山で狩りをするときはたくさんの獲物が捕れるようにしましょう。」と言うと、道士は立ち去った。またこれは、人間の力を借りなければならない蛟龍は、まだまだ龍ほどの能力はないという証でもある。

| 容姿 | 赤いたてがみ　全身に濃い土色の鱗 |
| 特徴 | 口から吐く気で幻影を生み出す |

☀ 不思議な生まれ方をするドラゴン

　蜃は水平線や地平線の向こうにありえないものが見える現象「蜃気楼」を生み出すドラゴンだ。その蜃が生まれるのは千年か万年に一度という珍しいドラゴンである。
　その理由は蜃の生まれ方が複雑だからである。その過程は、まず蛇とキジが正月に交わって卵を産む。その卵は雲を呼び、雷を引き寄せる力があるという。雷が卵に落ちるたびに、卵は地中に潜り込んでいくのだった。そして地下数十メートル深くまで潜ると、卵はとぐろを巻いた蛇のような形になるという。その形のまま200年から300年経つと、卵は岩のような硬さになり、やがて夜に地中から天に向かって昇っていく。そして、月の光を浴びると卵が崩れ始め、中から成長した蜃が現れるというのである。

✦ ツバメのにおいを嗅ぎつけて暴れるドラゴン

蜃気楼を生み出す蜃は、海岸や大河の河口などの水辺に棲む。ツバメを好んで食べ、それ以外は食べなかったという。そのために蜃はツバメのにおいに敏感だ。蜃の棲んでいる河や海を渡る前にツバメを食べてはいけないとされていた。食べた人に残るツバメのにおいを嗅ぎつけ、蜃が襲いかかってくるのである。蜃が暴れるので乗っていた船が沈められたり、人間が海に投げ出されたりするのだった。だから船着き場にある店ではツバメ料理は出さなかった。

蜃気楼を生み出すのは大ハマグリであるという伝承もある。春や夏に海中から気を吐いて楼台を作り出すという。そのような絵も残されているが、実は大ハマグリもドラゴンと同じ名前で蜃といわれるからだ。同名であるために両者を混同されたようである。

ドラゴン最強伝説 索引

あ行

アジ・スルワラ…60
アジ・ダハーカ…28
アスプ（アスピス）…108
アポピス（アペプ）…92
アンフィスバエナ
　（アムピスバイナ）…96
イルルヤンカシュ
　（ルヤンカス）…82
ヴィーヴル…86
ヴリトラ…116
ウンセギラ…104

か行

カシャフ川のドラゴン…46
カドモスのドラゴン
　（アレースの大蛇）…122
鬼弾…198
キリム…182
グウネズのドラゴン…62
クエレブレ…24
九頭龍…212
クロック・ナ・クロイブの
　ドラゴン…194

虹蜺…214
蛟龍（蛟）…230
ゴルィニシチェ…34

さ行

七歩蛇…222
蜃…234
スキタリス…196
スピンドルストンの竜…20
聖ゲオルギウスの
　ドラゴン…64
聖シェナーンのドラゴン…200
ゾンダーダッハ山の
　ドラゴン…52

た行

タラスクス（タラスク）…168
螫龍…226
テュポーン…188
トリスタンのドラゴン…56

は行

バクナワ…14
バジリスク（バシリスク）…206
八郎潟の龍…224

ピアサ…186

肥遺（ひい）…106

ピグチェン…110

ピュートーン
　　（ピュトン）…130

ヒュドラー
　　（ヒュドラ）…126

ピュラリス…50

ピラトゥス山（さん）の
　　ドラゴン…38

ファーブニル…16

フェルニゲシュ…42

不死身（ふじみ）のジークフリートの
　　ドラゴン…30

フランケンシュタインの
　　泉（いずみ）のドラゴン…58

ベイン・ヴェヘールの
　　ドラゴン…54

ベーオウルフの
　　ドラゴン…68

ペルーダ…202

ペルセウスの
　　ドラゴン…172

ま行（ぎょう）

ミズハノメ（ミズハメ）…228

明神池（みょうじんいけ）の龍（りゅう）…220

や行（ぎょう）

ヤマタノオロチ
　　（八岐大蛇（やまたのおろち））…112

ヨルムンガンド
　　（ミドガルズオルム）…98

ら行（ぎょう）

ラードーン（ラドン）…90

ラニオンのドラゴン…192

ラプシヌプルクル…102

リンドヴルム…72

ルナナの龍（りゅう）…216

レインボー・サーペント
　　（虹蛇（にじへび））…134

レヴィアタン
　　（リヴァイアサン）…78

ロングウィットンの竜（りゅう）…74

わ行（ぎょう）

ワーム…178

■参考文献■
『よくわかる「世界のドラゴン」大事典』「世界のドラゴン」を追究する会（廣済堂出版）／『幻想ドラゴン大図鑑』
監修・健部伸明（カンゼン）／『ドラゴン〜世界の真龍大全〜』寺田とものり／TEAS事務所（ホビージャパン）
『幻獣ドラゴン』苑崎透（新紀元社）／『ドラゴン』久保田悠羅とF.E.A.R.（新紀元社）
■参考ネット■
ウィキペディア 他

■**龍・ドラゴン研究チーム T&H**

嵩瀬ひろしを筆頭に、ヨーロッパをはじめ世界中のドラゴンに魅了され各国のドラゴンの違いや、圧倒的な存在感のあるドラゴンの魅力を皆さんに伝えたいという熱い思いを持つ者、中国と日本の龍の違いに興味を持ち、中国の龍の種類や進化の仕方に感動した者、ヨーロッパの竜人に詳しいが東洋の竜人にも興味を持ち調べた者、子どもたちにとってわかりやすく楽しい本にするために参入した者が集まったチーム。

■イラスト／七海ルシア　卯月まめ　嵩瀬ひろし
■写真／アフロ
■カバーデザイン／久野 繁
■本文デザイン／スタジオQ's
■編集／ビーアンドエス

本書の内容に関するお問い合わせは、**書名、発行年月日、該当ページを明記**の上、書面、FAX、お問い合わせフォームにて、当社編集部宛にお送りください。**電話によるお問い合わせはお受けしておりません。**また、本書の範囲を超えるご質問等にもお答えできませんので、あらかじめご了承ください。

　FAX：03-3831-0902
　お問い合わせフォーム：https://www.shin-sei.co.jp/np/contact.html

落丁・乱丁のあった場合は、送料当社負担でお取替えいたします。当社営業部宛にお送りください。
本書の複写、複製を希望される場合は、そのつど事前に、出版者著作権管理機構（電話：03-5244-5088、FAX：03-5244-5089、e-mail：info@jcopy.or.jp）の許諾を得てください。
JCOPY＜出版者著作権管理機構 委託出版物＞

図解大事典 ドラゴン最強伝説

2024年12月15日　初版発行

編　者	龍・ドラゴン研究チームT&H
発行者	富 永 靖 弘
印刷所	株式会社高山

発行所　東京都台東区　株式　**新星出版社**
　　　　台東2丁目24　会社
　　　　〒110-0016　☎03(3831)0743

© SHINSEI Publishing Co., Ltd.　　　　Printed in Japan

ISBN978-4-405-07393-7